Wissensbert

AF641646

OMG, ist das wahr?

1234 krasse Fakten aus Wissenschaft, Technik und Natur, von denen du noch nie gehört hast

Originalausgabe

1. Auflage 2024

© 2024 by Yes Publishing – Pascale Breitenstein & Oliver Kuhn GbR

Türkenstraße 89, 80799 München

info@yes-publishing.de

Alle Rechte vorbehalten.

Redaktion: Stephanie Kaiser-Dauer

Umschlaggestaltung: Ivan Kurylenko (hortasar covers)

Layout und Satz: Tobias Prießner

Druck: CPI

Printed in the EU

ISBN Print 978-3-96905-340-9

ISBN E-Book (EPUB, Mobi) 978-3-96905-341-6

ISBN E-Book (PDF) 978-3-96905-342-3

Wissensbert

OMG, ist das wahr?

1234 krasse Fakten aus Wissenschaft, Technik und Natur, von denen du noch nie gehört hast

YES

Inhalts-verzeichnis

OMG!

Schön, dass du da bist und mein Buch liest. Das ist keine Selbstverständlichkeit. Schließlich könntest du auch am sogenannten Cotard-Syndrom leiden. Das lässt Betroffene nämlich glauben, dass sie – kein Scherz – tot sind. Und in diesem Zustand wäre Buchlesen natürlich etwas schwierig.

Zum Glück bist du aber topfit und hast Lust auf unglaubliche 1234 hochspannende Fakten. Wusstest du zum Beispiel, dass in diesem Moment durch das Lesen in deinem Gehirn die Verbindung zwischen der Sehrinde und deinem Thalamus gestärkt wird? Der Thalamus ist die vielleicht spannendste Region in deinem Gehirn. Alle Sinneseindrücke wandern erst durch ihn hindurch, bevor sie dein Großhirn erreichen und dir bewusst werden können. Im Thalamus entscheidet sich, welche Reize weitergeleitet werden. Und welche nicht.

An dieser Stelle bin ich verdammt froh, dass dein Thalamus dir noch immer die von mir geschriebenen Wörter durchgibt. Er hätte die Informationen ja auch schon längst als unwichtig einstufen können, wie es auch seine Aufgabe ist. Wahrscheinlich liegt es daran, dass dein Thalamus genau weiß, dass sich dieses Buch für dich richtig lohnt. Und zwar in vielerlei Hinsicht.

Die sich gerade in deinem Gehirn bildende stärkere Verbindung zwischen Sehrinde und Thalamus führt nämlich dazu, dass du in Zukunft noch effektiver wichtige von unwichtigen Dingen unterscheiden kannst. Doch es kommt noch besser: Du beugst gerade aktiv Demenzerkrankungen vor, verbesserst deine sozialen Kompetenzen und senkst deinen Stresspegel um bis zu 68 Prozent. Solltest du häufiger lesen, darfst du dich außerdem über durchschnittlich 23 Monate mehr Lebenserwartung freuen.

Na, wenn das kein Premium Content ist!

Seite für Seite wirst du 1234 hochspannende Fakten entdecken, die dein Weltbild nachhaltig aus den Angeln heben. Wusstest du zum Beispiel, dass es in Australien mehr Kamele gibt als in Ägypten? Oder dass das Ergebnis der gesamten lebenslangen Arbeit einer Biene nur ein einziger Teelöffel Honig ist? Und was passiert eigentlich in $10^{10^{10^{56}}}$ Jahren? Solche und noch viele weitere faszinierende Fakten warten darauf, jetzt von dir entdeckt zu werden.

Dein Abenteuer beginnt jetzt – Anschnallen nicht vergessen!

Dein Wissensbert

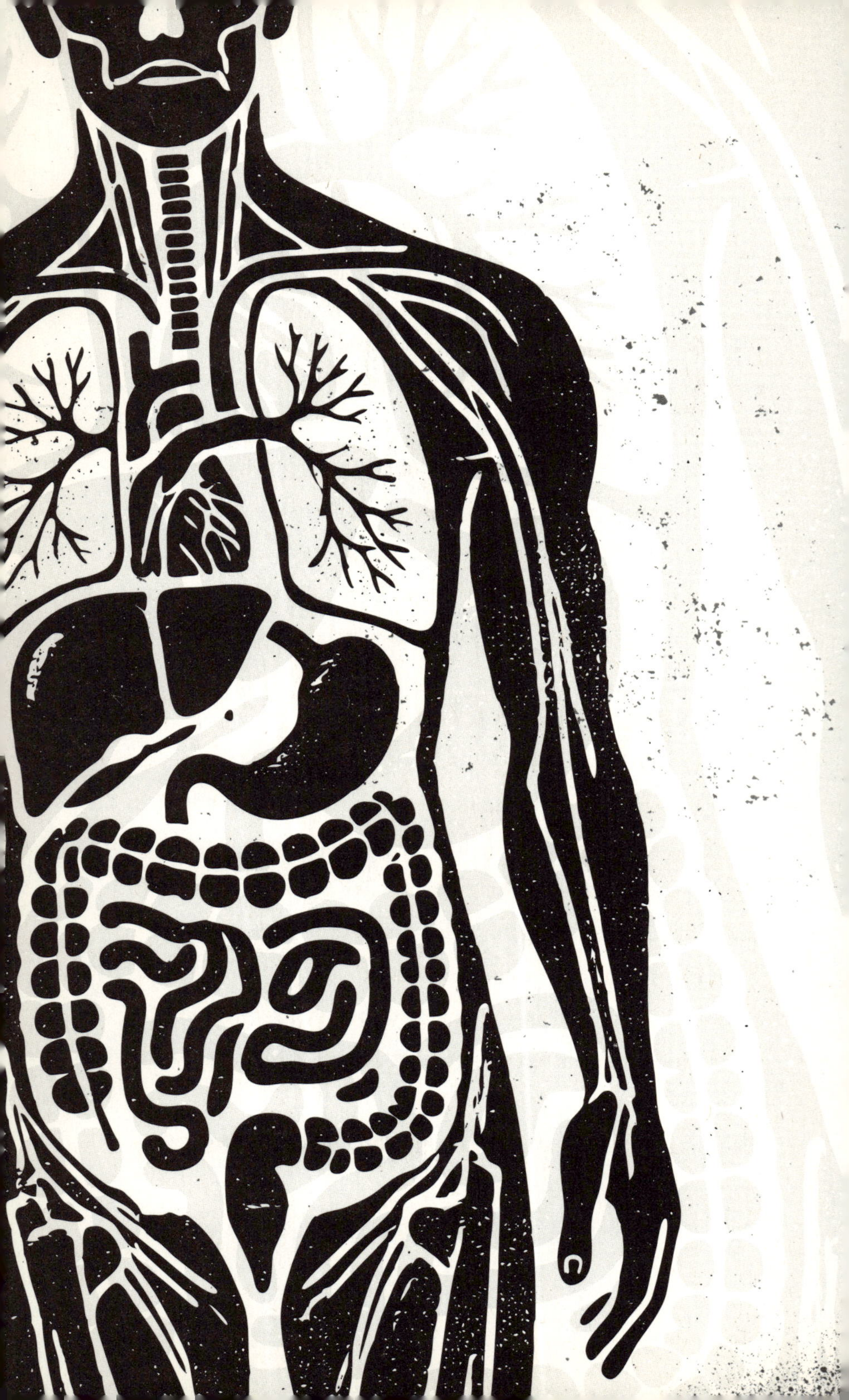

Erstaunliche Fakten über den menschlichen Körper

Dein Körper ist ein Wunder. Wusstest du zum Beispiel, dass wir Menschen im Grunde aus Sternenstaub bestehen, der bereits extreme Strecken im Universum zurückgelegt hat? Die Hälfte der auf der Erde vorhandenen Atome stammt dabei nicht einmal aus der Milchstraße. Es handelt sich vielmehr um Materie, die aus sehr viel weiter entfernt liegenden Galaxien durch intergalaktische Partikelwinde zu uns gekommen ist. Insgesamt besteht dein Körper aus etwa 10 Quadrilliarden Atomen und 56 Elementen. Wer weiß, wo sie in den Milliarden Jahren ihrer Existenz schon überall gewesen sind? Hier kommen weitere spannende Fakten über den menschlichen Körper:

Der Mensch hat eine leuchtende Aura, hervorgerufen durch Biolumineszenz. Die ausgesendete Lichtmenge ist jedoch 1000-mal kleiner, als es unser Auge wahrnehmen kann.

Du verlierst jede Minute über 30 000 abgestorbene Hautzellen.

Die gesamte Oberfläche deiner Haut erneuert sich alle 28 Tage. Das bedeutet, du hast in deinem Leben etwa 1000 verschiedene Häute.

Beim Lachen werden bis zu 300 Muskeln im ganzen Körper benutzt. Das ist fast die Hälfte deiner insgesamt 640 Muskeln!

Nur 10 Prozent aller Menschen können mit ihrer Zunge ihre Nase berühren. Gehörst du dazu?

Menschen mit Schizophrenie sind in der Lage, sich selbst zu kitzeln. Andere Menschen können das nicht.

Es ist unmöglich, mit offenen Augen zu niesen.

Wenn du 70 Jahre alt wirst, hat dein Herz etwa 2,5 Milliarden Mal geschlagen.

Du blinzelst circa 10 Millionen Mal pro Jahr.

Deine Zunge ist in der Lage, 1 Gramm Salz, das in 500 Litern Wasser verdünnt ist, zu schmecken.

Der Mensch kann nicht mehr als drei- bis viermal schnell hintereinander schlucken. Versuch es gern gleich jetzt: Einmal schlucken ... zweimal schlucken ... dreimal schlucken ... nichts geht mehr. Komisch, oder?

Am frühen Morgen bist du 3 Zentimeter größer als am Abend. Grund dafür ist, dass sich deine Bandscheiben in der Nacht mit Flüssigkeit vollsaugen und an Volumen gewinnen. Durch die Belastungen deiner Wirbelsäule tagsüber schrumpfst du wieder.

Bei Rechtshändern wachsen die Fingernägel an der rechten Hand schneller als an der linken. Bei Linkshändern ist es genau umgekehrt.

Obwohl dein Trommelfell nur 0,1 Millimeter dick ist, hält es genauso viel Druck aus wie ein Fahrradschlauch.

Würde man eine Rasierklinge morgens in ein Glas mit Magensäure legen, wäre die Klinge am Abend aufgelöst. Magensäure kriegt wirklich so ziemlich alles aufgelöst. Der Franzose Michel Lotito hat sogar ein Flugzeug aufgegessen, genauer gesagt eine Cessna 150. Er verspeiste in seinem Leben außerdem 18 Fahrräder, 7 Fernseher und sogar einen Computer. Lotito schnitt die ungewöhnlichsten Gegenstände einfach in kleine mundgerechte Happen und verzehrte sie nach und nach, ohne Verdauungsprobleme zu bekommen.

17 Stunden ohne Schlaf verlangsamen das Reaktionsvermögen im Körper genauso stark wie 0,5 Promille. Nach 22 Stunden ohne Schlaf reagiert der Körper ähnlich wie mit 1,0 Promille Alkohol im Blut.

Babys haben bei ihrer Geburt über 300 Knochen, Erwachsene nur etwa 206. Das liegt daran, dass einige Knochen mit der Zeit zusammenwachsen.

Der Hodensack liegt außerhalb des Körpers, damit die Spermien es kühl haben. Die Spermienproduktion funktioniert nämlich am besten knapp 2 Grad unter der Körpertemperatur. Heiße Vollbäder oder enge Hosen, in denen die Temperatur im Schritt steigt, wirken sich negativ auf die Fruchtbarkeit aus.

In deinem Körper befinden sich rund 70 sogenannte unechte Gelenke. Es handelt sich um Knochenverbindungen, die keinen Gelenkspalt haben und daher nur eingeschränkt beweglich sind. Solche unechten Gelenke befinden sich zum Beispiel in deiner Hand, im Brustkorb oder im Schädel.

Bei etwa 13 Prozent der Menschen fehlt der lange Hohlhandmuskel. Er war früher wichtig, um sich an Ästen festzuhalten. Du kannst ihn prüfen, wenn du die Innenseite deines Unterarms nach oben drehst, eine Faust bildest und diese angespannt etwas einknickst. Wenn sich im Bereich, in dem man normalerweise ein Armband trägt, nichts bewegt, gehörst du zu den Menschen, denen der Muskel fehlt.

Die Farbe deiner Haare wird vom Mischverhältnis der zwei Melanine Eumelanin und Phäomelanin bestimmt. Blonde Haare enthalten

wenig Eumelanin und viel Phäomelanin. Dunkle Haare enthalten viel Eumelanin und wenig Phäomelanin. Und rote Haare gibt es ja auch noch: Sie enthalten wenig Eumelanin und sehr viel Phäomelanin.

Die EEG-Aufzeichnungen von Sterbenden in der Intensivmedizin (EEG steht für Elektroenzephalografie, die elektrische Ströme im Gehirn misst) zeigen, dass es im Gehirn noch einmal zu verstärkten Aktivitäten kommt, wenn das Herz aufhört zu schlagen. Wissenschaftler vermuten, dass wir in diesem Moment ein letztes Mal träumen können, so wie wir es im Schlaf tun, und liefern damit einen möglichen Beleg für die Erzählungen über Nahtoderfahrungen.

Im Flugzeug müssen Menschen mehr furzen. Durch den geringen Luftdruck in der Höhe dehnt sich das Gas in deinem Bauch um bis zu 40 Prozent aus. Deine Gase solltest du übrigens niemals unterdrücken. Tust du es doch, furzt du irgendwann aus dem Mund. Das liegt daran, dass die Gase mit der Zeit über die Darmwand in die Blutbahn gelangen. Wandert das Blut in die Lunge, um CO_2 abzubauen, sondert der Körper die Verdauungsgase eben über die Lunge ab und wir atmen sie aus.

Mehr als die Hälfte aller menschlichen Knochen befindet sich in unseren Händen und Füßen. Je 26 Knochen im Fuß und je 27 Knochen in der Hand. Insgesamt entfallen auf Hände und Füße 106 der 206 menschlichen Knochen.

Dein Skelett erneuert sich in 8 bis 10 Jahren komplett.

Ein erwachsener Mensch besteht aus etwa 30 bis 40 Billionen Zellen. Dieselbe Anzahl kommt nochmals durch die Zellen von Bakterien in und auf dem Körper hinzu. Insgesamt bestehen wir also aus etwa 75 Billionen organischen Zellen.

Zwiebeln enthalten das Enzym Alliinase und die Aminosäure Alliin. Kommen diese beiden Stoffe in Kontakt mit Sauerstoff – wie es beim Zwiebelschneiden passiert –, entsteht Reizgas, welches dich weinen lässt. Tränen versorgen unsere Augenhornhaut permanent mit Sauerstoff und Nährstoffen. Da die Augenhornhaut nicht durchblutet ist, muss sie von außen ernährt werden. Tränen enthalten außerdem Wirkstoffe, welche die Zellneubildung der Hornhaut anregen.

Ein Wimpernschlag dauert rund 0,15 Sekunden.

Beide Zahnreihen – Milchzähne wie bleibende Zähne – sind bereits vor der Geburt im Kiefer angelegt, sind also schon da. Die bleibenden Zähne wachsen also nicht etwa neu, sondern brechen durch, wenn die Milchzähne ausfallen.

Sekundenschlaf im Auto kann bis zu 15 Sekunden dauern. Bei einer Geschwindigkeit von 100 Kilometern pro Stunde legt ein Fahrer in dieser Zeit eine Entfernung von über 400 Metern zurück.

Pro Woche landen über unsere Nahrung und unser Trinkwasser etwa 5 Gramm Plastik in unserem Körper. Das entspricht etwa einer Kreditkarte. Das meiste Plastik wird wieder ausgeschieden. Mikroplastik kann jedoch länger im Körper verbleiben. Sogar in Gehirnen wurde bereits Plastik gefunden.

Menschen mit Blutgruppe 0 werden häufiger von Mücken gestochen. Auf dem zweiten Platz des Mückenspeiseplans landen Menschen mit Blutgruppe B. Es folgen Menschen mit Blutgruppe AB. Wer Blutgruppe A hat, wird am seltensten gestochen.

Von den 40 bis 100 Millionen Spermien eines Samenergusses erreichen nur rund 200 die Eizelle. Für den zirka 15 Zentimeter langen Weg in die Eileiter bis zur Eizelle brauchen Spermien 1 bis 3 Stunden. Womöglich gewinnt gar nicht das schnellste Spermium das Wettrennen um die Befruchtung einer Eizelle. 2020 kam eine Studie zum Ergebnis, dass die Eizelle über chemische Kommunikation gezielt darüber mitentscheidet, welches Spermium sie befruchtet.

Sobald du dir die Nase zuhältst, kannst du nicht mehr summen.

Frauen profitieren eher von Sport als Männer. Um den gleichen Überlebensvorteil durch Sport wie Frauen zu erreichen, müssen Männer doppelt so viel wie Frauen trainieren.

Big Brain? Auf jeden Fall! Jeden Tag leistet dein Gehirn Unglaubliches

Dein Gehirn wiegt rund 1,4 Kilogramm, steht niemals still – vor allem nicht im Schlaf – und verbraucht etwas mehr als 500 Kalorien Energie pro Tag. Es besitzt damit einen zehnmal höheren Energiebedarf als andere Gewebearten. Obwohl es nur etwa 2 Prozent deines Körpergewichtes ausmacht, ist es für 20 Prozent deines Energiebedarfs verantwortlich. Und wenn man bedenkt, dass nur rund 5 Prozent der Gehirnaktivität auf der Bewusstseinsebene ablaufen und die restlichen 95 Prozent in deinem Unterbewusstsein, wird es richtig verrückt. Hier kommen weitere erstaunliche Fakten über eines der außergewöhnlichsten Organe der Welt:

Das Gehirn ist von der Konsistenz her weich wie Butter bei Zimmertemperatur.

Die schnellstmögliche Reaktionszeit eines Menschen ab dem Sehen eines Reizes bis zur Reaktion – beispielsweise das Drücken eines Knopfes, wenn zuvor ein Licht aufblinkt – liegt bei 300 Millisekunden.

Bei Kopfschmerzen tut nicht etwa das Gehirn weh. Unser Gehirn verfügt über keine Schmerzrezeptoren. Es kann daher keine Berührungen und auch keine Wärme- und Kältereize wahrnehmen. Ursache von Kopfschmerzen sind die Blutgefäße in der Hirnhaut, die sich ausdehnen.

Kreuzworträtsel sind kein Gehirntraining. Forscher haben herausgefunden, dass sie keinen nachweisbaren Effekt auf den Erhalt oder die Verbesserung der Hirnleistung haben.

Pro Tag hat der Mensch im Durchschnitt mehr als 6000 Gedanken.

Unser Gehirn kann kein Multitasking. Es ist lediglich in der Lage, sehr schnell zwischen zwei Aufgaben hin- und herzuwechseln. Zudem ist es nicht effizient. Versuchen wir, mehrere Aufgaben gleichzeitig zu erledigen, steigt die Fehlerquote auf bis zu 50 Prozent. Außerdem benötigen wir die doppelte Zeit, um fertig zu werden, als wenn wir fokussiert eine Aufgabe nach der anderen abarbeiten.

Im Schlaf schaltet das Gehirn nicht etwa ab. Es funktioniert nur vollkommen anders als tagsüber. Im Schlaf fährt zum Beispiel der Neocortex und damit die Fähigkeit, logisch zu denken, herunter. Dafür werden Emotionen und die Fantasie beflügelt. Kein Wunder also, dass in Träumen häufig unsinnige Situationen als völlig normal hingenommen werden. Werden wir uns dessen bewusst, weil der Neocortex plötzlich aktiv wird – wie zum Beispiel bei einem luziden Traum –, wachen wir meist auf. Mehr über dieses spannende Phänomen erfährst du übrigens in meinem Buch *Du dachtest, du kennst die Welt ...*

Das Gehirn von einsamen Menschen reagiert stärker auf Lebensmittelreize. Sie essen daher mehr, häufiger und ungesünder. Außerdem verkleinert sich bei einsamen Menschen der Hippocampus, der für die Gedächtnisleistung verantwortlich ist. Einsamkeit macht also mit der Zeit dümmer.

Menschen können Dinge gezielt vergessen. Es ist sogar eine Fähigkeit, die wir trainieren können – zum Beispiel, um traumatische Erlebnisse oder unangenehme Situationen nicht ständig durchleben zu müssen. Ein Stück weit zeigt sich das bewusste Vergessen auch in unseren Erinnerungen: Sie werden mit der Zeit nämlich immer positiver. Wissenschaftler haben herausgefunden, dass wir bei jedem Abrufen einer Erinnerung diese automatisch ein klein bisschen verändern und negative Aspekte mehr und mehr vergessen.

Wenn du betrunken bist, kann dein Gehirn keine Erinnerungen abspeichern, da der Alkohol eine Fehlfunktion in deinem Hippocampus verursacht. Wenn du dich am nächsten Morgen an nichts mehr »erinnern« kannst, liegt das also nicht daran, dass du etwas vergessen hast, sondern daran, dass es die Erinnerungen gar nicht in dein Gehirn geschafft haben.

Das Trockengewebe des Gehirns – also der Part ohne Wasser – besteht zu 50 bis 60 Prozent aus Fett. Fett ist ein Isolator und Nichtleiter und sorgt mit dafür, dass die elektrischen Impulse zielgerichtet verarbeitet werden können und dass es nicht etwa zu einem Kurzschluss kommt.

2007 begab sich ein 44 Jahre alter Mann zum Arzt, da er über ein Schwächegefühl im linken Bein klagte. Ein Gehirnscan ergab, dass dem Mann 90 Prozent seines Gehirns fehlten. Dennoch lebte er ein normales Leben.

Schlafentzug tötet Gehirnzellen ab.

Der Speicherplatz unseres Gehirns ist praktisch unbegrenzt.

Unser Gehirn ist bis ins hohe Alter in der Lage, neue Gehirnzellen zu bilden. Diesen Vorgang nennt man Neurogenese.

Kognitiv anspruchsvolle Sportarten wie viele Mannschaftssportarten, aber auch Sportarten mit komplexen Bewegungsmustern wie Tennis erzielen bessere Effekte für die Neurogenese.

Das Gehirn lernt tatsächlich im Schlaf. Menschen, die nach dem Lernen ein Nickerchen machten, erzielten in einem anschließenden Test deutlich bessere Leistungen als Menschen, die in der Pause vor dem Test wach blieben.

Die Tatsache, dass wir so selten von unseren Smartphones träumen, könnte ein Hinweis darauf sein, dass wir süchtig nach ihnen beziehungsweise dem Dopaminkick sind und dass unsere Sucht befriedigt ist. Träume sind Möglichkeitsräume. Wir träumen daher häufiger von Dingen, die uns fehlen. Alkoholiker träumen beispielweise in der Entzugsphase besonders intensiv und häufig vom Konsum von Alkohol.

Das Gehirn eines Menschen ist erst im Alter von etwa 25 Jahren vollständig entwickelt. Als Letztes wird der präfrontale Cortex fertig. Er spielt bei höheren kognitiven Prozessen eine wichtige Rolle, wie etwa bei der Entscheidungsfindung, beim Urteilsvermögen, bei der Impulskontrolle, der emotionalen Regulation oder der Aufmerksamkeitssteuerung.

Forschende haben herausgefunden, dass wohl ein einzelner Transmitter, also ein Botenstoff im Gehirn, und zwar das sogenannte Neurotensin, dafür verantwortlich ist, ob eine Erinnerung als positiv oder negativ empfunden wird. Ohne Neurotensin wird eine Erfahrung als negativ abgespeichert, durch vermehrte Ausschüttung erinnern wir uns positiv daran.

Die Fähigkeit, sich an nahezu jeden Tag seines Lebens erinnern zu können, wird als Hyperthymesie oder auch "highly superior autobiographical memory" (HSAM) bezeichnet. Bisher wurden rund 60 Fälle dieser Inselbegabung weltweit bestätigt. Inselbegabungen sind höchst außergewöhnliche Fähigkeiten von Menschen, die eigentlich unter einer kognitiven Entwicklungsstörung leiden.

5 Beispiele für außergewöhnliche Inselbegabungen

1. Der Engländer Derek Paravicini ist blind und besitzt ein sogenanntes absolutes Gehör. Er kann damit jede musikalische Note am Klang erkennen. Zudem ist er in der Lage, jedes Musikstück zu spielen, nachdem er es einmal gehört hat. Er begann das Klavierspielen mit zwei Jahren.

2. Der US-Amerikaner Kim Peek war unter anderem ein Spezialist in Kalenderrechnen. Er konnte jedem, der ihm sein Geburtsdatum nannte, binnen Sekunden den Wochentag sagen, an dem dieser Mensch seinen letzten Arbeitstag vor der Rente haben würde. Peek und seine besondere Fähigkeit waren Inspiration und Vorlage für die Figur des Autisten in dem berühmten Film *Rain Man*. Genaueres über ihn und den Grund seiner Begabung findest du übrigens in meinem ersten Buch, *Du dachtest, du kennst die Welt …*

3. Der britische Künstler Stephen Wiltshire ist in der Lage, eine komplette Stadtansicht zu zeichnen, nachdem er die Stadt auf nur einem Rundflug überflogen hat.

4. Der Brite Daniel Tammet löst schwierige Mathematikaufgaben nicht nur sehr schnell, sondern kann die Ergebnisse auf bis zu 100 Nachkommastellen angeben. Er lernte außerdem in nur einer Woche Isländisch, um ein Fernsehinterview in dieser Sprache geben zu können.

5. Der Engländer Howard Potter war in der Lage, zwei Teller Erbsen anzuschauen und zu sagen, wie viele Erbsen mehr auf einem der Teller liegen.

Deine DNA: Warum du so bist, wie du bist. Und nicht ganz anders.

Rund 50 Prozent deiner DNA sind identisch mit der einer Banane. Dennoch bist du zum Glück nicht krumm. Und du bist auch kein Neandertaler, obwohl in deinem Körper seine Gene stecken. Jeder Mensch trägt tatsächlich rund 2 Prozent der Gene des Neandertalers in sich. Allerdings nicht jeder die gleichen, sodass insgesamt 4 Prozent der Gene des Neandertalers noch heute existieren. Noch mehr erstaunliche DNA-Fakten:

Von den Neandertalern haben wir Menschen hauptsächlich sogenannte Risikogene geerbt. So stammen zum Beispiel das Risiko für Typ-2-Diabetes, Anfälligkeiten für Depressionen, Nikotinabhängigkeit und Nierenprobleme allesamt vom Neandertaler. Zusammengewachsene Augenbrauen und Rückenbehaarung gelten ebenfalls als Neandertaler-Erbe. Na klasse …

Dass die Bevölkerung im Himalaya so gut mit den Höhenlagen zurechtkommt, verdanken sie Genen des Denisova-Menschen, einer Frühmenschenart, die in dieser Gegend zu Hause war.

Obwohl eineiige Zwillinge die gleiche DNA haben, unterscheiden sich ihre Fingerabdrücke voneinander. Dafür riechen eineiige Zwillinge gleich.

Für die Unterschiede zwischen zwei Menschen sind lediglich 0,1 Prozent des genetischen Codes verantwortlich. Der Rest ist immer gleich.

Es gibt einen bestimmten genetischen Code – die sogenannte mitochondriale DNA –, der nur von der Mutter weitergegeben wird. Diese DNA der mütterlichen Linie kann wiederum auch nur von den Töchtern weitergegeben werden, obwohl die Mutter die Geninformation auch an ihre Söhne weitergibt.

In jeder einzelnen deiner Zellen stecken etwa 2 Meter DNA. Könnte man die gesamte DNA in deinem Körper ausrollen, würde sie einen 150 Milliarden Kilometer langen Strang bilden. Das ist 1000-mal die Strecke von der Erde bis zur Sonne. Das längste bekannte Genom besitzt ein erst kürzlich entdeckter unscheinbarer Farn. Seine Zell-DNA wäre ausgerollt ganze 100 Meter lang.

Die gesamte DNA in deinem Körper wiegt etwa 200 Gramm.

Der Prozess in deinem Körper, der unter anderem für den Abbau von Zellen mit beschädigter DNA zuständig ist, wird Autophagie genannt. Die Beseitigung von Gendefekten wird durch regelmäßiges Fasten gestärkt.

Deine DNA entscheidet darüber, wie gut du bestimmte Medikamente verträgst. Vor allem bei Krebsbehandlungen kann das der Fall sein.

Es ist mittlerweile möglich, aus der DNA, die man an einem Tatort findet, ein Phantombild zu erstellen.

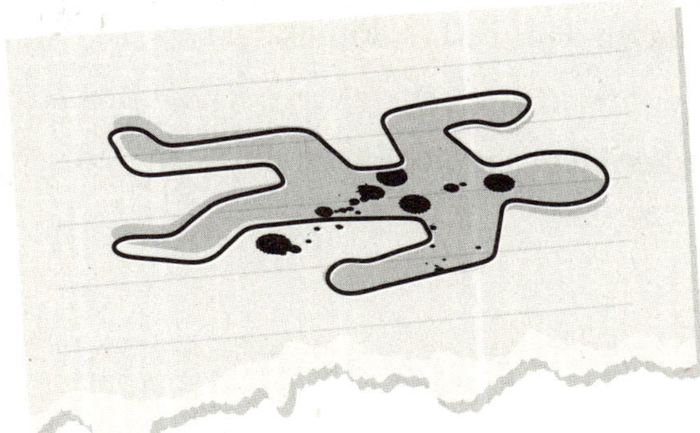

Kuriose Gendefekte

Es wurden schon Menschen mit nur vier oder mit sechs Zehen geboren.

Es gibt Menschen ohne Brustwarzen.

Brustwarzen können sich mitunter aber auch an ganz anderen Stellen des Körpers befinden. Zum Beispiel am Bein.

Es ist möglich, dass ein Mensch keine Fingernägel hat.

Bei manchen Menschen spart der Körper einfach die Zehenknochen ein.

Es gibt Menschen, die fünf Finger, aber keinen Daumen haben.

11 STOFFE IN DEINEM KÖRPER, VON DENEN DU NICHT WUSSTEST, DASS SIE IN DIR DRIN SIND

Dein Körper besteht zu 70 Prozent aus Wasser. Das ist immerhin deutlich weniger als eine Stange Lauch, die hat 90 Prozent Wasseranteil. Insgesamt 98 Prozent deines Körpers bestehen aus nur vier Elementen: Sauerstoff (65 Prozent), Kohlenstoff (18,5 Prozent), Wasserstoff (9,5 Prozent) und Stickstoff (3,2 Prozent). Neben diesen vier Hauptelementen gibt es jedoch noch einige andere Körperbausteine, die dich wahrscheinlich verblüffen werden:

1. Gold: Jeder Mensch trägt etwa 0,2 Milligramm Gold in sich. Aufgenommen wird es über das Trinkwasser, Medikamente oder die Nahrung.

2. Chlor: Etwa 100 Gramm Chlor stecken in deinem Körper. Du brauchst es als Mineralstoff für deine Muskeln und Nieren und nimmst es in der Regel über die Nahrung auf. Der Körper selbst kann kein Chlor produzieren.

3. Zinn: Wird für die Produktion von Salzsäure im Magen benötigt.

4. Chrom: Lässt deine Felgen glä... halt! Du brauchst es, damit das Insulin in deinem Körper richtig funktioniert.

5. Kupfer: Kupfer wirkt im Körper extrem vielfältig. Es unterstützt beim Aufbau von Knochen, spielt bei der Pigmentierung von Haaren und Haut eine Rolle, beeinflusst den Kollagenstoffwechsel, den Eisen- und den Energiestoffwechsel.

6. Schwefel: Schwefel sorgt dafür, dass dein Bewegungsapparat schön elastisch bleibt. Gelenkknorpel, Muskeln, Knochen und Sehnen profitieren alle von Schwefel.

7. Cobalt: Ohne Kobold *hust* Cobalt läuft's mit der Blutbildung und der Funktion deines Nervensystems nicht mehr rund.

8. Molybdän: Gilt als essenzielles Spurenelement für den Stoffwechsel und hilft bei der Entgiftung des Körpers.

9. Silizium: Silizium? Macht bestimmt, dass du gut rechnen kannst ... Nicht ganz. Es sorgt für einen ausgeglichenen Feuchtigkeitshaushalt und gilt als Aufbaustoff für dein Bindegewebe.

10. Mangan: Ohne Mangan keine Energie für deine Zellen.

11. Vanadium: Mit Vanadium, einem weichen Metall, kriegst du unter anderem deine Zähne schön und deine Knochen fest.

Augen auf! Was Augen dir über dich und andere verraten

Wenn du in einem Menschen lesen möchtest wie in diesem fantastischen Faktenbuch, schau ihm in die Augen. Ob Stress, Schmerzen oder Lügen … unsere Augen verraten uns. Oder etwa nicht? Die spannendsten Augen-Fakten:

Es gibt nur vier Augenfarben: Blau, Grün, Grau und Braun. Von jeder dieser Farben gibt es lediglich unterschiedliche Schattierungen und Intensitäten. Grüne Augen sind am seltensten. Nur 2 Prozent der Menschen haben sie.

Die Augen eines Menschen können unterschiedlich gefärbt sein. Dieses Phänomen wird als Heterochromie bezeichnet. Etwa 1 Prozent der Weltbevölkerung hat verschiedene Farben im linken und im rechten Auge.

In Schweden und in Finnland haben etwa 90 Prozent der Menschen blaue Augen. weltweit liegt der Anteil blauäugiger Menschen bei nur rund 10 Prozent.

Menschen mit braunen Augen werden in der Regel als vertrauenswürdiger wahrgenommen als Menschen mit blauen Augen.

In Edinburgh haben erstaunliche 29 Prozent der Menschen grüne Augen.

Bis zum 6. Lebensjahr kann sich die Augenfarbe ändern.

Augen lügen nicht. Stellst du deinem Gegenüber eine Frage, bei der er unsicher ist und die er nicht sofort beantworten kann, weiten sich seine Pupillen. Je mehr das Gehirn arbeiten muss, desto stärker ist die Weitung.

Bei Überforderung, also wenn der Stress für unser Gehirn zu groß wird, ziehen sich die Pupillen schlagartig zusammen.

Starke Schmerzen sorgen dafür, dass sich die Pupillen erweitern.

Bei der seltenen Tetrachromie besitzen Menschen einen vierten Zapfen zur Farbwahrnehmung und können so bis zu 100 Millionen verschiedene Farben sehen. Ein normaler Mensch sieht nur 1 Million. Tetrachromie haben in erster Linie Frauen.

Die Hornhaut, also der vorderste Teil des Auges, wird nicht durchblutet, sondern erhält den Sauerstoff direkt aus der Luft.

Der Himmel müsste tagsüber eigentlich lila sein, da diese Wellenlänge in der Atmosphäre am häufigsten gestreut wird. Allerdings ist das menschliche Auge für diese Farbe zu unsensibel. Wir können Lila nur dann sehen, wenn die Blau- und Rot-Rezeptoren auf der Netzhaut gleichzeitig aktiviert werden. Genau das passiert aber beim Blick in einen taghellen Himmel nicht. Dort nehmen wir vor allem das blaue Licht wahr.

Ist das Gehirn beschädigt, reagieren Pupillen nicht mehr, wie sie sollen. Unfallärzte leuchten daher zuerst in die Augen von Verunglückten, um die Augenreflexe zu kontrollieren.

Alkohol verengt die Pupillen. Amphetamine oder Kokain sorgen dagegen für eine extreme Erweiterung.

Allein 60 Prozent der gesamten Großhirnrinde beschäftigt sich mit nichts anderem als dem Sehvorgang. Allgemein werden mittlerweile 25 Prozent der gesamten Hirnleistung dem Sehsinn zugeschrieben. Probiere doch mal, so lange wie möglich die Luft anzuhalten. Einmal mit offenen Augen und einmal mit geschlossenen Augen. Du wirst sehen, dass du mit geschlossenen Augen die Luft länger anhalten kannst.

Piraten trugen Ohrringe, da sie glaubten, dadurch besser sehen zu können. Tatsächlich gibt es einen Punkt am Ohrläppchen, der durch Akupunktur zu einer besseren Sehkraft beitragen kann.

Menschen mit hellen Augen vertragen Alkohol besser als Menschen mit dunklen Augen. Dafür sind sie schüchterner, wie andere Studien zeigen. Wissenschaftler der Universität Pittsburgh haben außerdem herausgefunden, dass grünäugige Menschen besser mit Schmerzen und seelischem Leid umgehen können.

Braune und grüne Augenfarben werden dominant vererbt, graue und blaue Augen dagegen rezessiv. In Hunderten Jahren wird es daher wahrscheinlich nur noch Menschen mit braunen Augen geben.

Lügner lassen sich nicht an der Augenbewegung identifizieren. Obwohl es immer wieder behauptet wird, sind bestimmte Augenbewegungen – zum Beispiel der Blick nach rechts – kein geeignetes Mittel, um Schwindler zu entlarven. Entsprechende Studien haben belegt, dass die Augenbewegungen bei Lügnern keinem spezifischen Vertrauer folgen. Vertraue am besten auf deinen gesunden Menschenverstand.

Gesundheit! Ein schneller Blick in die Welt der Medizin

Wusstest du, dass sich in deinem Körper Organe befinden, die du gar nicht brauchst? Und was ist schneller: Husten oder Niesen? Und welche seltenen Krankheiten gibt es? Viel Spaß mit diesen und anderen Medizin- und Gesundheitsfakten:

Milz, Gallenblase und Blinddarm sind keine lebensnotwendigen Organe. Du kommst also auch ohne sie ganz gut zurecht.

Die ausgeworfenen Partikel beim Husten sind bis zu 1000 Stundenkilometer schnell, die beim Niesen nur 160 Stundenkilometer.

Zwischen 6 und 20 Prozent aller Menschen leiden an Misophonie. Sie können die Essgeräusche anderer Menschen nicht ertragen.

Das am häufigsten verschriebene Medikament in Deutschland ist RamiLich, ein Mittel gegen Bluthochdruck.

In der EU gilt eine Krankheit als selten, wenn weniger als 5 von 10 000 Menschen von ihr betroffen sind. Es gibt mehr als 6000 solcher seltenen Erkrankungen. Das sind ziemlich viele, wenn du mich fragst. Insgesamt gibt es rund 30 000 bekannte Krankheiten.

Bei der sogenannten Methämoglobinämie liegt eine Störung des Sauerstofftransports vor. Die Haut der Betroffenen kann sich deswegen blau färben.

Wer am Hutchinson-Gilford-Syndrom leidet, stirbt in der Regel bereits vor der Pubertät an Altersleiden.

Es gibt eine Krankheit namens tödliche familiäre Schlaflosigkeit. Sie kann vererbt werden und ist zum Glück äußerst selten. Die Patienten sterben unter anderem daran, dass sie die überlebensnotwendigen Schlafphasen nicht mehr erreichen und ihr Gehirn irgendwann ausfällt.

Betroffene der Krankheit Prosopometamorphosie sehen die Gesichter ihrer Mitmenschen heftig entstellt, verzogen und verbeult. Es gibt weltweit 75 bekannte Fälle – eine Ursache für die Erkrankung ist nicht bekannt.

Bei Menschen mit Blutgruppe A besteht ein um 50 Prozent höhe-

res Risiko für einen schweren Covid-19-Verlauf. Menschen mit Blutgruppe 0 erkranken seltener an Malaria. Dafür sind ihre Cholera-Verläufe oft schwerer als die von Menschen mit den Blutgruppen A, B oder AB.

Bevor T-Zellen körperfremde Zellstrukturen in unserem Körper abwehren können, müssen sie ein Training in einem Organ namens Thymus überstehen. Der Thymus ist ein lymphatisches Organ, das sich hinter dem Brustbein befindet. Mit dem Training wird sichergestellt, dass die T-Zellen nicht auch körpereigene Zellen angreifen. Nur etwa 10 Prozent der T-Zellen überstehen das Training erfolgreich. Die restlichen 90 Prozent der Zellen werden eliminiert.

Das Phänomen, dass Menschen im Urlaub häufig krank werden, wird als Leisure Sickness bezeichnet. Wissenschaftler gehen davon aus, dass die Betroffenen davor besonders intensive Stressphasen durchlebt haben, in denen ihr Körper erste Überlastungs- und Krankheitssymptome einfach unterdrückt hat.

Der tranceartige Zustand, in dem ein Fahrer auf der Autobahn sein Fahrzeug unter vollkommener Kontrolle hat, ohne sich dessen bewusst zu sein, wird als Autobahn-Hypnose bezeichnet. Beim Fahrer können hierbei Erinnerungslücken von Hunderten Kilometern auftreten.

Bei einem Organschaden seiner Mutter schickt der Fötus der Schwangeren über die Nabelschnur Stammzellen, die bei der Reparatur des Organs helfen.

Stress verursacht graue Haare. Jedoch können diese durch anhaltende Entspannung wieder ihre ursprüngliche Farbe annehmen.

Das Broken-Heart-Syndrom existiert wirklich. Es handelt sich um eine Störung der linken Herzkammer, die durch emotionalen Stress – etwa, wenn du einen geliebten Partner verlierst – ausgelöst werden kann. Es kann sogar tödlich enden.

Der Placeboeffekt wirkt, seit er erforscht wird, nicht nur immer stärker. Er wirkt sogar, wenn die Patienten wissen, dass sie gar kein »richtiges« Medikament bekommen.

Die Hinweise verdichten sich, dass das Gehirn kurz vor dem Tod Dimethyltryptamin ausschüttet. Dabei handelt es sich um eines der stärksten bekannten Halluzinogene, das damit bestens geeignet ist, übersinnliche Nahtoderfahrungen zu erklären.

2015 verwechselte eine Frau LSD mit Kokain. Sie schnupfte das LSD und nahm dabei die rund 550-fache übliche Menge auf. Die Frau, die wegen ihrer chronischen Schmerzen im

Fuß schon seit Jahrzehnten Morphium einnahm, war nach dem Trip fünf Tage lang auch ohne Morphiumgabe schmerzfrei.

Gegen Krebs existieren bereits einige Impfungen, zum Beispiel gegen Gebärmutterhalskrebs oder gegen Leberkrebs. Dabei handelt es sich um Krebsarten, die besonders häufig von Viren ausgelöst werden.

Bis heute ist nicht genau klar, warum es Linkshänder gibt. Etwa 10 Prozent aller Menschen sind Linkshänder. Interessanterweise gibt es unter Linkshändern tatsächlich mehr Hochbegabte, aber auch mehr Minderbegabte.

Du hast Bluthochdruck? Isometrische Übungen, also Übungen wie der Unterarmstütz oder der Wandsitz, bei denen eine bestimmte Muskelgruppe über einen längeren Zeitpunkt angespannt ist, können den Blutdruck doppelt so gut senken wie Cardio-, Kraft- oder HIT-Training.

Auf dem Beipackzettel von Aspirin stehen unter den Nebenwirkungen auch Kopfschmerzen.

Rothaarige Menschen brauchen etwa 20 Prozent mehr Narkosemittel.

Stress lässt Wunden langsamer heilen. Bei Studierenden heilen Wunden in den Semesterferien um 40 Prozent schneller als während der Prüfungszeit.

… erinnerst du dich an den Fakt aus dem Vorwort, dass das Lesen von Büchern dein Stresslevel um bis zu 68 Prozent reduzieren kann? Mögen all deine Wunden nach diesem Buch verheilt sein :-)

Spontane Heilung: Gibt es das wirklich?

Unter einer Spontanheilung oder Spontanremission verstehen wir eine Heilung, die ohne eine therapeutische Maßnahme zustande gekommen ist. Und ja! Solche wundersam anmutenden Heilungen gibt es tatsächlich. Hier 3 Beispiele:

1. Der Franzose Pierre Bely litt an Multipler Sklerose. Bis heute kann die Autoimmunerkrankung nicht geheilt werden. Bely, der bereits vollständig gelähmt war, konnte nach einem Besuch in Lourdes, wo er an einer Kranksalbung teilnahm, nicht nur wieder gehen, sondern wurde komplett gesund. Seine Heilung wurde von der Kirche als Wunder anerkannt. Auch eine Ärztekommission bestätigte die Spontanheilung.

2. Die in Hongkong lebende Autorin Anita Moorjani erkrankte 2002 an Lymphknotenkrebs. 2006 wurde sie mit schweren Symptomen in ein Krankenhaus eingeliefert. Die Ärzte dort erklärten, dass sie nichts mehr für sie tun könnten. Der Krebs hatte bereits zahlreiche Metastasen gebildet. Moorjani fiel im Krankenhaus in ein Koma, ausgelöst

durch ein Organversagen. 30 Stunden später wachte sie jedoch wieder aus dem Koma auf. In den folgenden vier Tagen bildeten sich die Tumore in ihrem Körper um 70 Prozent zurück. Fünf Wochen später war Moorjani krebsfrei. Und ist es bis heute geblieben.

3. Die Neuseeländerin Lisa Reid verlor infolge eines Gehirntumors im Alter von 14 Jahren ihre Sehfähigkeit. Die Ärzte erläuterten der jungen Frau, dass sie nie wieder würde sehen können, da die Nerven, die das Auge mit dem Hirn verbinden, geschädigt waren. Als sie jedoch zehn Jahre später beim Versuch, ihre Blindenhündin zu küssen, die Balance verlor und dabei mit dem Kopf auf den Boden und gegen ihren Couchtisch schlug, war ihr Sehvermögen plötzlich wieder hergestellt.

Übrigens: Bei Säuglingen und Kleinkindern kommen bei Haut- oder Nierenkrebs Spontanheilungen häufiger vor als bei anderen Krebsarten. Je nach Krebsart werden über 50 Prozent der Kinder wieder gesund. Bei Erwachsenen gehen Schätzungen davon aus, dass es bei rund 100 000 Krebserkrankungen zu je einer Spontanremission kommt. Eine zentrale Stelle, welche die Daten erfasst, gibt es leider nicht. Es gibt leider auch noch keine Erkenntnisse darüber, ob und wie Spontanheilungen aktiv gefördert werden können. Bisher sind und bleiben sie ein Wunder.

Kuriose Alltagsfakten

Ob wir wollen oder nicht: Unser Leben wird von der Wissenschaft bestimmt. Ob wir auf dem Fußballplatz oder auf dem Golfplatz stehen, im Auto sitzen oder im Büro. Überall in unserem Alltag spielen Physik, Biologie, Chemie oder auch die Psychologie eine wichtige Rolle. Hier kommen die verrücktesten Fakten dazu:

Zwei Drittel aller Bücher, die gekauft oder verschenkt werden, werden nicht gelesen.

Mit einem einzigen Bleistift kann man einen bis zu 56 Kilometer langen Strich zeichnen. Wie lang der Strich wird, hängt vor allem vom Härtegrad des Bleistifts ab. Je härter, desto länger der Strich.

Ein Bleistift besteht zu 0 Prozent aus Blei. Der Name entstand, da man damals Graphit für Bleierz hielt. Eine Bleistiftmine besteht im Wesentlichen aus Graphit und Ton, deren Mischverhältnis den Härtegrad ergibt.

Wenn du Helium einatmest, klingt deine Stimme danach bekanntlich auf einmal wie die eines Schlumpfes. Doch warum ist das so? Helium ist sehr viel weniger dicht als die

normale Atemluft. Die Schallwellen können sich daher im Helium ungefähr dreimal schneller ausbreiten.

Du kannst im Baumarkt und in der Drogerie theoretisch alle Zutaten kaufen, die du benötigst, um eine Bombe zu bauen.

Für eine Google-Suche werden in den dafür genutzten Rechenzentren bis zu 1000 Computer eingesetzt.

90 Prozent der männlichen Autofahrer wissen genau, wie viel Sprit ihr Wagen verbraucht, aber nur 56 Prozent kennen ihre Blutgruppe.

Knapp zwei Teelöffel Botox reichen aus, um die gesamte Weltbevölkerung auszulöschen. Es ist das stärkste Gift, das wir kennen. Botox gilt auch deshalb als die wohl gefährlichste biologische Waffe, weil es leicht herzustellen ist. Das Nervengift wird nämlich von einem Fäulnisbakterium produziert. Es kann sich vor allem überall dort bilden, wo eiweißreiche Lebensmittel unter Luftabschluss verfaulen – zum Beispiel bei Würstchen im Glas. In der Kosmetikindustrie wird Botox nur sehr stark verdünnt eingesetzt.

111 111 111 × 111 111 111 = 12 345 678 987 654 321

Schachgroßmeister Magnus Carlsen ist ein gewiefter Psychologe. Er spielt absichtlich »schlechte« oder weniger gute Eröffnungen, um auf dem Spielbrett eine Stellung zu erzwingen, die seinem Gegner nicht bereits bekannt ist und die er nicht aus Büchern analysiert hat.

Die Bundeswehr setzt noch immer Pferde und Maultiere ein. Die Gebirgsjäger benötigen die Tiere, um schwere Lasten in entlegene Bergregionen über kleine Gebirgspässe zu transportieren.

Ein Drittel der Menschen, die in der IT arbeiten, hält diese Tatsache vor Freunden oder Verwandten geheim. Sie haben Angst, bei Computerproblemen ständig um Hilfe gefragt zu werden.

Weiße Autos sind seltener in Unfälle verwickelt als dunkle.

Kohlekraftwerke setzen während ihres Betriebs mehr Radioaktivität frei als Atomkraftwerke.

Hauskatzen werden immer älter. In den 1980er-Jahren wurden Hauskatzen durchschnittlich 7 Jahre alt, im Jahr 2023 sind es bereits 13 Jahre. Das liegt vor allem an den Lebensbedingungen und an der besseren Gesundheitsversorgung. Die älteste Katze der Welt wurde 38 Jahre alt.

2007 erzielte der Brasilianer Ronny ein Freistoßtor mit der höchsten jemals gemessenen Geschwindigkeit. Sein Schuss war 210,9 Stundenkilometer schnell.

Die Einkerbungen auf einem Golfball heißen Dimples. Ein Golfball mit Dimples fliegt viermal weiter als ein glatter Golfball.

Ein Kompass führt dich nicht zum geografischen Nordpol, da der magnetische Nordpol einige Hundert Kilometer entfernt vom geografischen Nordpol liegt (und sich sogar immer weiter vom Nordpol wegbewegt.)

Die in Google Maps abgebildeten Pfade durch die Wüste Liwa in Abu Dhabi wurden nicht mit einem Auto, sondern mit einem Kamel erfasst.

Studenten des berühmten Massachusetts Institute of Technology (MIT) können ein Piraten-Zertifikat erlangen. Dazu müssen sie die Kurse Bogenschießen, Fechten, Pistolenschießen und Segeln abgeschlossen haben.

Die Temperatur eines Blitzes kann bis zu 30.000 Grad Celsius betragen. Er ist damit bis zu fünfmal heißer als die Sonnenoberfläche.

Nach der Wäsche in der Waschmaschine können sich auf der Kleidung mehr Bakterien befinden als davor. Vor allem beim Waschen mit niedrigen Temperaturen kommt es zu diesem Effekt.

Die gesamte Geldmenge der Welt wird auf 90 Billionen Dollar geschätzt. Davon existieren nur rund 10 Prozent als Bargeld. Der Rest sind nur virtuelle Zahlen. Das globale Bruttoinlandsprodukt, also der Wert aller produzierten Waren und Dienstleistungen, liegt bei 105 Billionen US-Dollar.

Die Luft in Innenräumen ist zwei- bis fünfmal schmutziger als die Luft außen.

Guten Appetit: Was du über alltägliche Lebensmittel garantiert noch nicht gewusst hast

Ich esse, wenn ich es schaffe, tagsüber daran zu denken, ziemlich gern – besonders Pasta. Wusstest du, dass kalte Pasta vom Vortag weniger Kalorien hat als die noch warme von heute? Das liegt an der Stärke. Beim Abkühlen wandelt sie sich in Teilen in resistente Stärke um, die von den körpereigenen Enzymen nicht mehr aufgespalten und folglich auch nicht in Kalorien umgewandelt werden kann. Das dauert ungefähr 12 bis 24 Stunden. Gut für die Darmflora ist das Ganze übrigens auch. Hier kommen noch mehr spannenden Lebensmittel-Fakten für dich:

Auberginen enthalten Nikotin. Um so viel Nikotin wie aus einer Zigarette zu dir zu nehmen, müsstest du allerdings 10 Kilogramm Auberginen essen.

Sogenannter Waldhonig wird von Bienen aus den Ausscheidungen von Läusen gewonnen.

Die Tomate ist eigentlich eine Beere.

Die Erdbeere hingegen ist keine Beere, sondern eine Sammelnussfrucht.

Die Hagebutte ist die Frucht von Rosen. Nein! Doch! Ah!!

Orangen kommen ursprünglich in der Natur so nicht vor. Sie entstanden aus einer Kreuzung von Mandarinen und Grapefruit.

Eine Erdbeere von einem weißen Teller schmeckt süßer als von einem schwarzen Teller, da der Farbkontrast von Rot und Weiß vom Gehirn als größer wahrgenommen und auf die Süße der Frucht übertragen wird.

Die Wunderbeere enthält ein Glykoprotein, das sogenannte Miraculin, das in der Lage ist, Teile deines Geschmacksinns umzukehren. Du schmeckst nach dem Verzehr der Wunderbeere eine saure Zitrone als süß.

In Eigelb ist mehr Eiweiß enthalten als in Eiweiß selbst. Das Eiweiß hat einen Proteinanteil von 10 Prozent, das Eigelb von 15 Prozent.

Die meisten kommerziell angebauten Apfelsorten sind Klone. Das bedeutet, dass sie durch Veredlung – also das Verbinden mit Trieben der Edelsorte – erzeugt werden, um sicherzustellen, dass die neuen Bäume die gleichen Eigenschaften wie der Mutterbaum haben. Dies hilft, die Konsistenz in Geschmack, Aussehen und Qualität der Äpfel zu gewährleisten.

Karotten waren ursprünglich weiß oder lila. Sie wurden in Holland zu Ehren des Königshauses Oranje in der entsprechenden Farbe gezüchtet.

Bier enthält 7 der insgesamt 15 lebenswichtigen Vitamine.

Ein Stück Salami-Pizza deckt in etwa den täglichen Bedarf an folgenden Spurenelementen und Vitaminen:

* Selen: 45,8 %
* Vitamin B_2: 39,8 %
* Phosphor: 31.2
* Vitamin B_1: 29,2 %
* Folsäure: 24 %
* Vitamin B_{12}: 23,8 %
* Vitamin B_3: 21.1 %
* Kalzium: 14 %
* Zink: 12,8 %
* Eisen: 12,2 %

Das Ploppen von Sektkorken entsteht durch einen Überschallknall. Das Gas entweicht mit rund 1,5-facher Schallgeschwindigkeit.

Als negative Kalorien bezeichnet man die Idee, dass ein Lebensmittel weniger Kalorien enthält, als der Körper durch seine Verdauung verbraucht. In der Praxis ist dies allerdings ein Mythos. Schade.

Zimt kann in zu hoher Dosis giftig sein. Kleinkinder sollten nicht mehr als sechs kleine Zimtsterne essen, um sich nicht mit dem im Zimt enthaltenen Cumarin zu vergiften.

Der Farbstoff E120 wird aus Läusen gewonnen. Produkte mit diesem Farbstoff sind daher nicht vegan. Er steckt besonders häufig in roten Limonaden.

Normaler Ketchup hat eine Fließgeschwindigkeit von 0,045 Stundenkilometern. Das sind 1,25 Zentimeter in der Sekunde. Um auf die optimale Fließgeschwindigkeit zu kommen, sollte man die Flasche gut schütteln, wenn man sie aus dem Kühlschrank holt.

Honig wird bei richtiger Lagerung niemals schlecht. Das liegt an bestimmten Enzymen und Wirkstoffen, die dem Honig von den Bienen hinzugefügt werden. Sie verhindern, dass Bakterien den Honig befallen können. Lediglich bei falscher Lagerung kann Honig schlecht werden. Erhitzt man ihn zum Beispiel über 40 Grad, verlieren die Enzyme ihre schützende Wirkung.

Steaks sind nicht blutig. Beim roten Saft, der aus dem Fleisch austritt, handelt es sich um Zellsaft. Dieser enthält eisenhaltiges Myoglobin. Beim Kontakt mit Sauerstoff färbt sich das Eisen rot.

Die erbsengroße Aji-Charapita-Chili hat den Safran als teuerstes Gewürz der Welt abgelöst. Sie bringt es mitunter auf einen Kilopreis von 20 000 Euro. Ein Kilo Safran ist dagegen

für immerhin 14 000 Euro zu haben. Auf dem dritten Platz folgt die Vanille mit einem Kilopreis von bis zu 7000 Euro.

Die teuerste Frucht der Welt ist die Yubari-King-Melone in Japan, vergleichbar mit Netzmelonen hierzulande. 2019 wurde ein Paar davon für knapp 50 000 Euro versteigert. Platz zwei belegt die Densuke-Wassermelone mit Preisen bis über 5000 Euro. Platz drei geht an die rubinroten römischen Tafeltrauben, welche pro Rebe einen Preis von bis zu 5000 Euro erzielen.

Bananen sind aufgrund ihres hohen Kalium-Gehalts von Natur aus radioaktiv und können an Häfen sogar Detektoren auslösen, die Atomschmuggel verhindern sollen. Eine Banane strahlt mit etwa 15 Becquerel. Um die tödliche Dosis von 7 Sievert zu erreichen, müsstest du 70 Millionen Bananen essen.

Dass Bananen eine Strahlung von etwa 0,1 Mikrosievert abgeben, hat zur Einführung einer besonderen Messgröße geführt: Die sogenannten Bananenäquivalentdosen (BED) werden in der Wissenschaft herangezogen, um radioaktive Strahlungsbelastungen im Alltag zu beschreiben. Hier einige Beispiele:

- 1 Stunde Laufen auf Kopfsteinpflaster aus Granit: 2 BED
- Aufenthalt fürs Ein- und Ausparken auf einem Parkplatz, der mit der Schlacke eines Kohlekraftwerkes gedeckt ist: 4 BED
- Transatlantikflug: bis 1000 BED (je nach Flughöhe und Sonnenzyklus)
- Röntgenbild des Brustkorbs: 200 BED
- Ganzkörper-Computertomogramm: 80 000 BED
- Ein Tag in Tschernobyl: 1 Million BED
- Ein Jahr lang 20 Zigaretten am Tag rauchen: 36 500 BED

Ein erhöhtes Krebsrisiko besteht übrigens ab einer Strahlendosis von 100 Millisievert, also ab etwa 100 000 Bananenäquivalentdosen. Eine akut tödliche Strahlendosis von 7 Sievert liegt entsprechend bei 70 000 000 BED.

Unwahrscheinliche Wahrscheinlichkeiten

Das Hai-Kokosnuss-Paradoxon kennt jeder: Obwohl statistisch gesehen mehr Menschen von Kokosnüssen erschlagen (immerhin 150 pro Jahr!) als von Haien verspeist werden (50 bis 90 pro Jahr!), fürchten sich Menschen eher vor dem Räuber der Meere als vor der Baumfrucht. Aber so ist das eben mit der Wahrscheinlichkeit, sie versetzt uns einfach immer wieder in Erstaunen:

Der Royal Flush beim Poker: Die Wahrscheinlichkeit, die höchste Hand im Poker zu erhalten, beträgt 1 zu 649 740.

Tod durch einen Asteroiden: Die Wahrscheinlichkeit, durch einen Asteroiden zu sterben, liegt bei etwa 1 zu 1,6 Millionen. Das Hauptrisiko geht hier von unvorhergesehenen Großereignissen aus.

Das Monty-Hall-Problem: In einem Spielshow-Szenario mit drei Türen, hinter einer davon ein Preis, erhöht sich die Gewinnchance von einem Drittel auf zwei Drittel, wenn der

Teilnehmer nach dem Öffnen einer Niete-Tür durch den Moderator die Tür wechselt.

Das Geburtstagsparadoxon: In einer Gruppe von nur 23 Personen besteht eine über 50-prozentige Wahrscheinlichkeit, dass zwei Personen am selben Tag Geburtstag haben. In einer Gruppe von 70 Personen steigt diese Wahrscheinlichkeit auf über 99,9 Prozent.

Flugzeugabsturz: Die Wahrscheinlichkeit, bei einem Flugzeugabsturz ums Leben zu kommen, liegt bei 1 zu 57 750 000. Setzt man die Unfallwahrscheinlichkeit mit der Zahl der zurückgelegten Personenkilometer ins Verhältnis, bedeutet das: Statistisch gesehen müsstest du 28,6 Milliarden Kilometer zurücklegen, bis du tödlich verunglückst. Mit einem Auto sind es nur 500 Millionen Kilometer.

Münzwurf: Der Ausgang eines Münzwurfs liegt nicht bei 50 zu 50, sondern bei 51 zu 49 für jene Seite, die anfangs oben liegt.

Psychologische Phänomene

Glaubst du an den freien Willen? Daran, dass du bestimmst, wo es in deinem Leben langgeht? Es tut mir leid, dich enttäuschen zu müssen, aber auch du bist, wie jeder von uns, voreingenommen. In der Psychologie wird das Bias genannt. Hier ein paar Phänomene, die beweisen, dass wir nicht immer so können, wie wir glauben wollen:

Wenn wir angeschrien werden, strengen wir uns mehr an.

Trainieren Männer gemeinsam mit Frauen, rufen sie im Training bis zu 10 Prozent mehr Leistung ab.

Sobald wir eine Tür durchschreiten, erleiden wir häufig eine Mini-Amnesie. Wir können uns nicht mehr daran erinnern, was wir eigentlich tun wollten. Der Effekt wird auch als Türschwellen-Effekt bezeichnet und entsteht durch eine unbewusste Neusortierung der Gedanken.

Der Dunning-Kruger-Effekt beschreibt das Phänomen, dass inkompetente Menschen besonders stark dazu neigen,

ihre eigenen Leistungen und Fähigkeiten zu überschätzen, da sie nicht fähig sind, die wirklichen Ausmaße des Themengebiets zu begreifen.

Wenn du vor einem tiefen Abgrund oder an einem Bahngleis stehst und automatisch daran denkst, was passieren würde, wenn du jetzt springen oder dich vor den einfahrenden Zug werfen würdest, ist das nicht etwa ein Hinweis auf einen latenten Todeswunsch. Im Gegenteil, beim sogenannten »Call of Void« handelt es sich um einen Warnhinweis des Gehirns, der dich vorsichtiger werden lässt.

Menschen entscheiden sich häufiger für den ersten Punkt auf einer Liste. Der sogenannte Positionseffekt tritt zum Beispiel bei Wahlen auf. Kandidaten, die ganz oben auf einem Wahlzettel stehen, haben durch diesen Effekt automatisch einen Bonus.

Wusstest du, dass das das Gehirn unnötige Informationen häufig automatisch ignoriert? Oder hast du das überflüssige "das" im ersten Satz gerade tatsächlich mitgelesen?

Jeder Mensch glaubt, dass andere Menschen von Medien sehr viel stärker beeinflusst werden als er selbst. Dieses Phänomen ist auch als Dritte-Person-Effekt bekannt.

Möchte man in einer Online-Umfrage bei den Antworten eine besonders hohe Rücklaufquote von Männern haben, hilft es, wenn der Absender der Umfrage als weiblich verstanden wird. Dabei handelt es sich um den sogenannten Anita-Effekt.

Suggeriert man einem Lehrer, dass ein Schüler besonders begabt ist, fördert er diesen unterbewusst so sehr, dass sich die Leistungen eines Schülers am Ende tatsächlich verbessern. Dieses Phänomen heißt »Pygmalion-Effekt«.

Menschen schätzen Dinge, die sie besitzen, als wertvoller ein. Das ist der sogenannte Besitztumseffekt. Von ihm leitet sich auch der Ikea-Effekt ab: Die Tatsache, dass Menschen ein Möbelstück selbst zusammenbauen müssen, macht das Möbel für sie wertvoller.

MYTHOS GOLD

Es ist nicht alles Gold, was glänzt. Gold glänzt jedoch immer. Aber warum eigentlich? Weil es nur schwer mit anderen Elementen reagiert und deshalb so korrosionsbeständig ist. Nicht einmal Säure kann ihm etwas anhaben. Die spannendsten Gold-Fakten:

Würde man alles bislang geförderte Gold der Erde einschmelzen, würde es lediglich knapp vier olympische Schwimmbecken füllen.

In indischen Haushalten lagern rund 22 000 Tonnen Gold. Das ist mehr als die Goldreserven der USA (8000 Tonnen), Deutschlands (3353 Tonnen), Italiens (2452 Tonnen), Frankreichs (2437 Tonnen) Russlands (2330 Tonnen) und Chinas (2114 Tonnen) zusammen. Der indische Staat verfügt lediglich über eine Goldreserve von 797 Tonnen.

In einer Tonne Handyschrott befinden sich etwa 250 Gramm Gold. In einer Tonne Golderz dagegen nur 4 Gramm. Da sage noch mal einer, dass sich Recycling nicht lohnt.

Die gesamte bisher geförderte Goldmenge auf der Welt hat einen Wert von knapp 14,7 Billionen Euro. Zum Vergleich: Die zehn reichsten vom Magazin *Forbes* erfassten Milliardäre bringen es auf ein Gesamtvermögen von 1,3 Billionen Euro (Stand Januar 2024).

Eine Goldmedaille bei den olympischen Spielen muss mindesten 6 Gramm Gold enthalten. Der Rest der Medaille besteht aus Silber. Nur einmal waren die goldenen Olympiamedaillen wirklich aus reinem Gold: in Stockholm 1912.

Volle Energie voraus

Leben ist Energie. Sie treibt dich und alles andere an, was uns umgibt. Zum Glück gibt es in der Welt keinen Mangel an Energie. Weder bei uns auf der Erde noch im Universum. Die Kunst ist nur, sie nutzbar zu machen. Hier ein paar krasse Energiefakten:

Würde man die Energie des Gammastrahlenausbruchs GRB 080916C direkt in nutzbaren Strom umwandeln, wäre die Erde Stand heute für 15,18 Oktillionen Jahre mit Strom versorgt. Eine Oktillion ist eine 1 mit 48 Nullen.

600 Terawatt: So viel Energie steckt in einem Hurrikan. Das ist 200-mal mehr als die installierte Leistung zur Stromerzeugung weltweit.

Mehr als 30 Hobbyforschern ist es bereits gelungen, eine Kernfusion zu erzeugen. Der jüngste von ihnen ist der Amerikaner Tyler Wilson, dem das Kunststück im Alter von 14 Jahren in der heimischen Garage gelang.

Mit der Energie, die aus einer Umdrehung eines Windrades gewonnen wird, fährt ein Elektroauto 100 Kilometer weit.

Atomkraftwerke der vierten Generation sollen in der Lage sein, ihren eigenen Atommüll zu verbrennen. Sie benötigen außerdem keine Wasserkühlung, sondern kühlen den Reaktor mit flüssigem Natrium. In ihnen ist keine Kernschmelze möglich.

Der größte Staudamm der Welt ist der Drei-Schluchten-Damm in China. Das Aufstauen und das damit einhergehende Verlagern der Wassermassen verlangsamt die Erdrotation um 60 Nanosekunden pro Jahr. Ein ähnlicher Effekt ist mit dem Schmelzen der Polkappen verbunden.

Der Drei-Schluchten-Damm erzeugt mit einer Leistung von 22 500 Megawatt jährlich knapp 100 Milliarden Kilowattstunden und versorgt damit etwa 100 Millionen Menschen mit Strom. Es ist gleichzeitig das leistungsstärkste Kraftwerk der Welt.

Das größte Windrad steht derzeit in China mit einem Rotordurchmesser von 260 Metern. Es hat eine Nennleistung von 18 Megawatt und kann bis zu 72 Millionen Kilowattstunden pro Jahr und damit Strom für 72 000 Menschen erzeugen.

Das leistungsstärkste Atomkraftwerk steht in Japan. Seine sieben Reaktoren haben eine gesamte Nettoleistung von 7965 Megawatt – es ist jedoch seit der Tsunamikatastrophe 2011 stillgelegt. Eine Wiedereröffnung steht im Raum.

Das größte Solar-Kraftwerk wurde im Juni 2024 in China eröffnet. Über 5,26 Millionen Solarmodule liefern mit einer Gesamtleistung von 3500 Megawatt einen jährlichen Output von 6,1 Milliarden Kilowattstunden, genug für etwa sechs Millionen Menschen.

Die sieben leistungsstärksten Kraftwerke der Welt sind Wasserkraftwerke.

Müsste die gesamte Energie, die du an einem Tag benötigst, von Fahrradfahrern produziert werden, würdest du 120 von ihnen benötigen, die 10 Stunden strampeln.

Mit 1 Kilowattstunde kannst du jeweils:

- einmal Wäsche bei 60 Grad waschen
- 3 Minuten lang warm duschen
- eine klassische Glühbirne 10 Stunden lang brennen lassen
- eine LED-Glühbirne 60 Stunden lang betreiben
- acht Pizzen in deinem Ofen aufbacken

Die meiste Energie, etwa 75 Prozent unseres Energieverbrauchs, macht das Heizen aus. Der Anteil des eigentlichen Haushaltstroms, also Licht, Fernseher oder Ofen, liegt bei gerade mal 13 Prozent. Der Rest ist Warmwasser.

Alle Rechenzentren in Deutschland verbrauchen zusammen so viel Energie wie der Flugverkehr hierzulande.

Glühwürmchen sind extrem energieeffizient: Sie können Energie zu 95 Prozent in Licht umwandeln und nur zu 5 Prozent in Wärme. Bei einer klassischen Glühbirne ist das übrigens genau umgekehrt: Sie produziert nur 5 Prozent Licht und 95 Prozent Wärme. LED-Leuchten können immerhin 30 bis 40 Prozent der Energie für die Lichterzeugung nutzen.

Erdgas riecht nicht. Wenn du eine Gastherme zu Hause hast und ab und an einen leichten Gasgeruch bemerkst, liegt das daran, dass dem Erdgas absichtlich Duftstoffe beigemischt werden, um Lecks schneller aufzuspüren.

Nikola Tesla entwarf das erste Wasserkraftwerk der Welt an den Niagara-Fällen. Noch heute werden die Niagara-Fälle für die Energieversorgung genutzt. Mit einer Leistung von 2,1 Gigawatt erzeugen die Wasserfälle etwa so viel Energie wie die größten Atomkraftwerke.

In Blitzen steckt eine elektrische Energie von etwa 280 Kilowattstunden, trotzdem können sie nicht zur Energiegewinnung genutzt werden. Die meiste Energie eines Blitzes geht bereits in seinem Blitzkanal in Form von Wärme, Licht und Druckwellen verloren, wodurch am Einschlagsort nur noch ein Zehntel der Ursprungsenergie übrigbleibt.

Der beste Freund des Menschen: Alles Wissenswerte über Hunde

Hunde sind nicht nur seit mehr als 10 000 Jahren treue Begleiter des Menschen. Sie verfügen auch über eine ganze Reihe an außergewöhnlichen Fähigkeiten, von denen viele mit ihrem legendären Geruchssinn zusammenhängen, andere aber auch weit darüber hinausgehen:

Hunde versuchen, absichtlich lustig zu sein und Menschen zum Lachen zu bringen. Sie wissen, dass Menschen, die lachen, eher mit ihnen spielen.

Hundenasen sind feucht, damit Hunde besser riechen können. Im feuchten Nasenschleim werden nämlich Geruchspartikel besser absorbiert. Daher schlecken Hunde ihre Nase auch regelmäßig ab.

Der Beatles-Song »A Day in the Life« enthält eine Passage, die nur von Hunden gehört werden kann. Die Musiker haben sie extra hinzugefügt. Spiel den Song doch einmal deinem Hund vor und achte darauf, was gegen Ende des Liedes mit ihm passiert.

Von den zwölf Hunden, die sich an Bord der *Titanic* befanden, überlebten drei den Untergang des Schiffes im Jahr 1912.

Den besten Riecher unter allen Hunden hat der Bloodhound. Er kann dank 300 Millionen Riechzellen selbst noch Spuren verfolgen, die 300 Stunden alt sind.

Hunde können Gerüche in Stereo erfassen, da sie beide Nasenöffnungen unabhängig voneinander gleichzeitig benutzen können. Quasi Riechen in 3D.

Das Riechzentrum im Hundehirn macht 10 Prozent aus. Beim Menschen sind es nur 0,1 Prozent.

Es gibt sogenannte Schimmelspürhunde, die darauf spezialisiert sind, Schimmelbefall in Gebäuden zu lokalisieren.

Hunde der Basenji-Rasse können nicht bellen. Sie geben stattdessen Laute von sich, die ans Jodeln erinnern.

Um gegen den 2023 verstärkt auftretenden Bettwanzenbefall vorzugehen, arbeiten Pariser Hotels seither mit Bettwanzen-Spürhunden zusammen.

30 Prozent der Dalmatiner sind auf einem Ohr taub. Je größer die dunklen Flecken eines Dalmatiners sind, desto geringer ist die Wahrscheinlichkeit, dass er taub ist oder wird.

Nur zwei Hunderassen auf der Welt haben blauschwarze Zungen: der Chow Chow und der Shar-Pei. Bis heute weiß man nicht, warum das so ist.

Diabetiker-Warnhunde sind in der Lage, gefährliche Schwankungen des Blutzuckerspiegels beim Menschen zu erkennen.

Mantrailer sind Hunde, die speziell ausgebildet sind, einen bestimmten Menschen zu finden. Dabei reicht einem Mantrailer sogar die aus dem Blut isolierte DNA eines Menschen, um diesen zu identifizieren. Dabei spüren sie den Geruch auf eine Entfernung von bis zu 10 Kilometern auf.

Hunde können Tumore riechen. Sie können zum Beispiel am Atem oder Stuhl eines Menschen erkennen, ob dieser Darmkrebs hat.

WISSENSCHAFTSGESCHICHTE(N)

Die Menschheit macht zeitlich gesehen etwa 0,004 Prozent der Geschichte der Erde aus. Würde die Erdgeschichte auf 24 Stunden aufgeteilt, würden wir Menschen erst in den letzten beiden Minuten auftauchen. Erstaunliche Geschichtsfakten, die dein Zeitgefühl auf den Kopf stellen:

Schaben lebten bereits mit Dinosauriern zusammen.

Als die Pyramiden gebaut wurden, lebten noch Mammuts.

Kleopatra lebte zeitlich betrachtet näher an der Erfindung des iPhones als am Bau der Pyramiden.

Die Universität Oxford ist älter als die Kultur der Azteken.

Die Kanarischen Inseln wurden erst vor 2000 Jahren besiedelt.

In den getrockneten Rosinen, die dem Grab von Tutanchamun beigelegt waren, wurden Überreste des Tabakkäfers gefunden. Neben Tabak ernährt sich dieses Insekt, das auch noch heute der größte Feind aller Zigarrenliebhaber ist, gerne von Dörrobst.

Die berühmten steinernen Köpfe, die überall auf den Osterinseln stehen, haben eigentlich auch einen Körper, der jedoch fast vollständig in der Erde begraben ist.

Theoretisch hätte Vincent van Gogh zu Lebzeiten Coca-Cola trinken können.

Der hinterste Schornstein der *Titanic* war eine Attrappe. Er wurde gebaut, damit das Schiff besser aussieht.

Der Untergang der *Titanic* könnte durch ein wochenlang andauerndes Feuer im Kohlebunker begünstigt worden sein. Durch das Feuer wurde der Rumpf des Schiffes so sehr angegriffen, dass er der Kollision mit dem Eisberg nicht mehr standhielt.

Der erste *Batman*-Comic erschien vier Monate vor Ausbruch des Zweiten Weltkriegs.

Die erste Person, die zwei Nobelpreise erhielt, war eine Frau: Marie Curie wurde im Jahr 1903 zunächst mit dem Nobelpreis für Physik ausgezeichnet. 1911 erhielt sie außerdem den Nobelpreis für Chemie. Beide Preise hingen mit ihrer grundlegenden Forschung zur Radioaktivität zusammen.

Heroin blieb bis 1958 als Medikament auf dem Markt. Es diente als Mittel gegen Reizhusten und wurde bei Verkaufsstart als nicht abhängig machend angepriesen. Es sollte das Morphin ablösen, das unter den Anwendern starke Abhängigkeit verursachte. Leider machte es noch süchtiger.

Die erste Überwachungskamera wurde von Nazis gebaut. Sie nutzten die Technik, um die Starts ihrer V2-Raketen nachzuverfolgen. Derselbe Ingenieur, Walter Bruch, der die Kamera entwickelte, erfand später auch das PAL-Farbfernsehsystem.

Das erste Foto von der Erde aus dem Weltall entstand 1946. Wissenschaftler in den USA hatten eine V2-Rakete der Nazis umgebaut und mit einer Filmkamera ausgerüstet, die alle eineinhalb Sekunden ein Bild aufnahm.

Der Vater der Mondlandung war eigentlich Deutscher. Nach der erfolgreichen Entwicklung seiner V2-Rakete lief Wernher von Braun nach dem Zweiten Weltkrieg zu den USA über, wo er die V2 zur Saturn V weiterentwickelte.

1949 erhielt António Egas Moniz den Nobelpreis für Physiologie/Medizin. Der Neurologe hatte die sogenannte Lobotomie als Heilverfahren bei Psychosen und Depressionen entwickelt. Bei der Operation trennte er unter anderem die Nervenbahnen zwischen Thalamus und Frontallappen im Gehirn. Die Operation, eine Zeit lang eine Standardbehandlungsmethode in der Psychiatrie, gilt heute als barbarisch und weitgehend unwirksam.

Bevor er Präsident wurde, half Jimmy Carter persönlich mit, einen verunglückten Atomreaktor zu reinigen. Als Teil einer Wartungsmannschaft wurde er im kanadischen Kraftwerk Chalk River in Schutzkleidung für 90 Sekunden in den Reaktor hinabgelassen.

1958 ging eine Mark-15-Wasserstoffbombe nahe der Insel "Tybee Island" im US-Bundestaat Georgia auf einem Übungsflug verloren. Sie wurde bis heute nicht gefunden.

In den 1950er-Jahren wurde in den USA ein »Atomic Energy Lab« mit uranhaltigen Erzen und Geigerzähler als Kinderspielzeug verkauft.

Der leistungsstärkste Supercomputer der Welt ist der Frontier von HPE. Er erreicht eine Rechenleistung von 1194 000 TeraFLOPS.

Der Rechner ist damit rund 1 Million Mal schneller als ein Heimcomputer. Er wird vorwiegend zu Forschungszwecken benötigt, etwa bei der Klimaforschung oder für Simulationen in der Astrophysik. Frontier trainiert außerdem komplexe KI-Modelle. Der Rechner benötigt im Jahr so viel Energie wie rund 17.000 Haushalte.

Das Röntgenteleskop Chandra, dem wir bahnbrechende Entdeckungen wie Beweise für die Existenz dunkler Materie verdanken, benötigt für den Betrieb im All weniger Energie als ein normaler Föhn.

Graphen ist das Material mit der bisher höchsten bekannten Reißfestigkeit. Sie ist 125-mal so hoch wie die von Stahl. Graphen ist eine Form des Kohlenstoffs, die in einer einzigen Schicht von Atomen in einem zweidimensionalen Gitter angeordnet ist. Es wird beim Bau von Sensoren, bei der Herstellung von Solarzellen oder aber in Touchscreens und LED-Leuchten verwendet.

1981 wurde an der Universität Ulm eine Mäusemelkmaschine entwickelt. Ihre Leistung übertraf das bis dahin übliche Melken per Pipette um das Doppelte. Mäusemilch wird in der Pharmaforschung benötigt.

Der sowjetische Oberstleutnant Stanislaw Jewgrafowitsch Petrow verhinderte 1983 einen Atomkrieg. Das sowjetische Frühwarnsystem hatte wohl aufgrund eines Softwarefehlers einen Sonnenaufgang und Wolkenspiegelungen als Raketenstart der Amerikaner interpretiert. Petrow hätte die Information sofort weiterleiten müssen. Er entschied jedoch eigenständig, dass es sich um einen Fehlalarm handeln müsse, da das System nur eine einzelne Rakete anzeigte, ein Angriff der Amerikaner jedoch garantiert mit mehreren Raketen erfolgt wäre.

2019 entdeckten Forscher mittels künstlicher Intelligenz einen neuen Aggregatzustand, in dem das Alkalimetall Kalium gleichzeitig fest und flüssig ist. Die Forscher beschrieben das Verhalten des Metalls mit folgenden Worten: »Es ist, als würde man einen mit Wasser vollgesogenen Schwamm halten, nur dass der Schwamm auch aus Wasser besteht.«

Das größte von einem 3D-Betondrucker hergestellte Haus Europas steht in Heidelberg. Das Haus ist 54 Meter lang, 11 Meter breit und 9 Meter hoch und wurde 2023 fertiggestellt. Es wird als Rechenzentrum genutzt.

Coole Wissenschaft aus der Antike

Antiker Beton kann sich durch Regen selbst reparieren. Sogenannter ungelöschter Kalk reagiert mit dem Wasser und bildet ein zementartiges Bindemittel, welches Risse und Poren schließt.

Im Alten Rom und später sogar noch im Mittelalter wurde Kleidung mit Urin gewaschen, da er die Reinigungssubstanz Ammoniak enthält.

Römische Ärzte verwendeten Wein als Desinfektionsmittel bei Wunden, die sich Gladiatoren in der Arena zugezogen hatten.

Die Byzantiner erfanden eine Flüssigkeit, die selbst in Wasser brannte. Sie nutzen das sogenannte Griechische Feuer in ihren Seekriegen, um gegnerische Schiffe in Brand zu setzen.

Die Wasserleitungen ins alte Rom waren insgesamt 504 Kilometer lang. Davon verliefen 430 Kilometer unterirdisch. So blieb das Wasser im Sommer kühl und im Winter frostfrei. Täler auf dem Weg wurden mit Druckrohrleitungen überbrückt, die wie ein Siphon funktionierten.

Mit dem 2000 Jahre alten Mechanismus von Antikythera ließen sich dank eines raffinierten Zahnradmechanismus nicht nur die Bewegungen von Sonne und Mond vorhersagen – inklusive Sonnen- und Mondfinsternis –, sondern auch die Bewegungen der damals bekannten Planeten. Er gilt als der erste analoge Computer der Welt.

Große Erfindungen, die zufällig gemacht wurden

Die halluzinogene Wirkung von LSD wurde bei der Suche nach einem Mittel zur Stabilisierung des Kreislaufs entdeckt. Der Entdecker konsumierte die Droge bis ins hohe Alter. Er wurde 102 Jahre alt.

Die Mikrowelle ist ein Nebenprodukt der Entwicklung von Flugzeug-Radaren.

Der Wirkstoff Sildenafil wurde zunächst als Arznei für erkrankte Herzkranzgefäße entwickelt. Bis Probanden über häufigere Erektionen berichteten. 1998 kam das Mittel als Viagra auf den Markt.

Der Franzose Louis Daguerre entdeckte per Zufall, wie sich die mit einer Camera obscura gemachten Bilder länger haltbar machen ließen. Er hatte Jodsilberplatten in einen

Schrank mit versehentlich verschüttetem Quecksilber gelegt, wodurch die Bilder erhalten blieben. Daguerre hatte auf diese Weise die Fotografie erfunden.

Die Röntgenstrahlung wurde von Wilhelm Conrad Röntgen entdeckt, als er mit Elektronenstrahlen experimentierte. Diese waren imstande, fluoreszierende Gegenstände zum Leuchten zu bringen, obwohl diese Gegenstände abgedeckt waren.

Der Amerikaner Harry Coover wollte im Zweiten Weltkrieg eigentlich aus Cyanacrylat ein durchsichtiges Bauelement für das Zielfernrohr eines Gewehres herstellen. Die extrem klebrige Substanz eignete sich jedoch nicht dafür. Dafür hatte Coover jedoch den Sekundenkleber entwickelt.

Charles Nelson Goodyear konnte den Autoreifen nur entwickeln, weil ihm ein Stück Gummi auf eine Herdplatte fiel und er so hinter das Geheimnis der Vulkanisierung kam.

Skurrile Erfindungen, die sich nicht durchgesetzt haben

Der Brite John Archibald Purves entwickelte in den 1930er-Jahren ein Einrad-Auto. Es bestand aus einem riesigen Reifen, in dem zwei Passagiere Platz fanden. Nicht zuletzt aufgrund der beschränkten Sichtverhältnisse setzte sich die Erfindung nicht durch.

Perg Bergmann entwickelte 1953 eine Badewanne mit Tür.

Das 1932 in Frankreich entwickelte Amphibienfahrrad mit schwimmfähigen Bojen-Reifen ging leider nie in Serienproduktion.

US-Präsident Lyndon B. Johnson besaß ein Amphibienfahrzeug, das er für Streiche benutzte. Das in Deutschland gebaute Auto war in der Lage, sowohl an Land als auch in Seen zu fahren. Johnson liebte es, ahnungslosen Passagieren eine Fehlfunktion der Bremsen vorzutäuschen und das Auto ins Wasser zu lenken.

Um die Sichtbarkeit von Autos in der Nacht zu verbessern, entwickelte Goodyear in den 1960er-Jahren Reifen, die von innen mit Glühbirnen beleuchtet waren.

Der Japaner Kenji Kawakami entwickelte eine Brille mit zwei auf den Brillengläsern montierten Trichtern. Die Brille sollte die Einnahme von Augentropfen erleichtern.

Skandinavische Forscher entwickelten einen Kopfhörer, der das Bellen von Hunden in Menschensprache übersetzte. Die Erfindung setzte sich wohl auch deshalb nicht durch, weil sie ein Schwindel war.

Die elektrische Gesichtsmaske Rejuvenique aus den 1990er-Jahren arbeitete mit Elektroschocks, um die Gesichtshaut zu straffen.

Zu hochwertiges Fastfood? 1996 launchte die Fast-Food-Kette McDonald's einen Burger Namens Arch Deluxe. Er sollte durch gute Zutaten überzeugen, floppte jedoch und setzte eine Investition von 300 Millionen Dollar in den Sand, was heute inflationsbereinigt 600 Millionen Dollar entsprechen würde.

Wunder der Natur

Der Großteil der Biomasse der Erde sind Pflanzen. Sie machen rund 82 Prozent des organischen Materials aus. 13 Prozent sind Mikroorganismen wie Bakterien. Tiere und Pilze machen lediglich 5 Prozent der Biomasse aus. Ich habe mich für dich nach den erstaunlichsten Fakten in der Pflanzen- und Tierwelt umgesehen. Welche Tierart führt systematische Amputationen durch? Vor welchen Giftpflanzen solltest du dich auch in Deutschland in Acht nehmen? Und warum vertragen Vögel eigentlich viel mehr Alkohol als Menschen? Spannende Fragen, hier die spannenden Fakten:

Der Mensch macht grob 0,01 Prozent der gesamten Biomasse aus.

Die Mary-River-Schildkröte kann durch ihre Genitalien atmen und lässt als Frisur Algen auf ihrem Kopf wachsen.

Bei Pferden gibt es über 30 verschiedene Blutgruppen.

Ameisen führen Amputationen von verletzten Beinen bei Artgenossen durch. Vor allem dann, wenn sich die Ameise am Oberschenkel verletzt. Die Amputation erhöht die Überlebenschance der behandelten Ameise von 40 auf 90 Prozent.

Forscher studieren das ausgeklügelte Erkundungsverhalten von Ameisen, um es auf eine künstliche Intelligenz zu übertragen, die dann in der Lage ist, komplexe Such- und Bergungsmissionen – zum Beispiel per Drohne – durchzuführen.

Blattschneiderameisen leben mit einem Pilz zusammen, der für sie Nahrung produziert. Die Ameisen müssen ihren Pilz dafür mit Blättern und Blüten füttern, damit er wachsen kann. Die Eiweißkörper, die der Pilz dann ausbildet, dienen den Ameisen als Nahrung.

Ameisen können stundenlang nichts machen. Vielleicht müssen sie deshalb mit einem Duftstoff ständig beweisen, dass sie noch leben. Sterben sie, dauert es rund 40 Minuten, bis der Duftstoff nachlässt. Für Artgenossinnen das Signal, die Ameise auf den Friedhof zu bringen.

Menschen, Affen und Koalas sind die einzigen Lebewesen mit einem individuellen Fingerabdruck.

Bienen fliegen Pflanzen, die mit Pestiziden besprüht sind, lieber an als normale Pflanzen.

Schnecken reinigen die Erde im Wald oder im Garten von Kalkablagerungen. Sie bauen daraus ihre Schneckenhäuser.

In Deutschland leben rund 2,5 Millionen Rehe. 200.000 davon sterben jedes Jahr im Straßenverkehr.

Der Schwarze Trommler, ein Fisch, macht in der Paarungszeit so laute Trommelgeräusche, dass andere Meeresbewohner einen Hörschaden davontragen können.

Es gibt Pflanzen, die als Vollschmarotzer leben. Das heißt, dass sie keine eigenen Wurzeln, Äste oder Blätter ausbilden. Ein solcher Vollschmarotzer ist zum Beispiel die Rafflesia. Sie überlebt, indem sie ihre Wirtspflanze mit winzigen Zellfäden durchwächst. Obwohl sie keine Äste oder Blätter hat, produziert die Rafflesia die größten bekannten Blüten im Pflanzenreich. Sie können bis zu einem Meter breit werden. Die Blüte stinkt fürchterlich, da sie den Geruch von verwesendem Fleisch nachahmt, um Insekten anzulocken.

Der Glaskopffisch hat einen durchsichtigen Kopf, sodass man seine inneren Augen und sein Gehirn sehen kann.

Der Blauwal ist das größte aktuell lebende Tier auf unserem Planeten. Allein die Zunge eines Blauwals wiegt rund 4 Tonnen. Ungefähr so viel wie ein ganzer Elefant. Insgesamt können

Blauwale bis zu 190 Tonnen schwer werden. 2023 fanden Paläontologen die Knochen eines Urwals, der den Blauwal womöglich als schwerstes bekanntes Tier aller Zeiten ablösen könnte. Der Perucetus colossus soll es auf ein Spitzengewicht von bis zu 340 Tonnen gebracht haben. Der Urwal würde damit etwa so viel wiegen wie eine Boeing 747.

Ein Blauwalbaby trinkt über 250 Liter Milch pro Tag und kann in den ersten sieben Monaten täglich bis zu 90 Kilogramm zunehmen.

Fledermäuse hängen auch bei der Geburt ihrer Kinder kopfüber. Damit der Nachwuchs nicht auf den Boden fällt, müssen Fledermäuse ihre Neugeborenen direkt nach der Geburt auffangen.

Der Palmendieb ist mit über 1 Meter Länge das größte an Land lebende Krebstier und in der Lage, Kokosnüsse zu knacken.

Faultiere sind so langsam, dass Algen und Motten in ihrem Fell wachsen.

Weibliche Faultiere rufen laut, um Partner anzulocken, da sie zu träge sind, selbst aktiv zu suchen.

Der Rhinozeroskäfer gilt als das stärkste Tier der Welt: Er trägt das 850-Fache seines Körpergewichts. Ein Mensch mit den gleichen Fähigkeiten müsste in der Lage sein, den Flügel der schwersten Windkraftanlage der Welt anzuheben. Und der wiegt immerhin 65 Tonnen. Die stärksten Menschen der Welt können ungefähr ein Gewicht von um die 500 Kilogramm anheben.

Männliche Stechmücken ernähren sich ausschließlich vegetarisch, zum Beispiel von Pflanzensaft. Es stechen also nur die Weibchen. Sie brauchen das Blut nicht als Nahrung, sondern vor allem als Proteinquelle, damit ihre Eier reifen können. Ansonsten reicht auch den Weibchen Pflanzensaft als Nahrung.

Von den auf der Erde lebenden Säugetieren sind nur noch 4 Prozent Wildtiere. Der Mensch macht 36 Prozent aus, die Haus- und Nutztiere des Menschen die restlichen 60 Prozent. Bei Vögeln beträgt das Verhältnis von Nutztieren wie Hühnern oder Puten und Wildtieren etwa zwei zu eins. 70 Prozent aller Vögel sind Nutztiere. 30 Prozent aller Vögel leben in freier Wildbahn.

Nilpferde produzieren ihre eigene Sonnenmilch. Dabei handelt es sich um ein rötliches Sekret, das Licht aus den sichtbaren Wellenlängen absorbiert und dabei zerfällt. Sie hat außerdem antibakterielle Wirkung und schützt Wunden gegen Infektionen.

Ratten vermehren sich so schnell, dass aus zwei Ratten in 18 Monaten unter perfekten Bedingungen über 1 Million Tiere werden können.

Libellen legen bis zu 160 Kilometer am Tag zurück.

Fangschreckenkrebse haben Fangarme, die sie explosionsartig bewegen können. Die Arme werden dabei auf bis zu 23 Meter pro Sekunde beschleunigt (rund 80 Stundenkilometer). Das ist der schnellste Schlag, der von einem Tier ausgeführt werden kann. Der Aufprall ist mit dem einer Pistolenkugel vergleichbar. Fangschreckenkrebse konnten bereits Glas in Aquarien durchbrechen. Wenn sich die Arme durchs Wasser bewegen, kann es sogar passieren, dass die Tiere einen Knall und einen Lichtblitz erzeugen.

Um sich fortzupflanzen, verbeißt sich das Anglerfisch-Männchen im viel größeren Weibchen und lässt es nie wieder los. Mit der Zeit löst sich der Kopf des Männchens im Weibchen auf. Außerdem wachsen Haut und Blutkreislauf der Tiere zusammen. Manche Anglerfisch-Weibchen haben auch mehrere Männchen, die an ihnen festgewachsen sind. Diesen Vorgang nennt man Sexualparasitismus.

Flamingos sind eigentlich weiß. Ihre Färbung kommt durch Karotinoide zustande, die sie mit ihrer Nahrung wie zum Beispiel Dunaliella-Algen oder Flusskrebsen aufnehmen. Wissenschaftler fanden heraus: Je stärker die rosa Färbung von Flamingos ist, desto gesünder und fitter sind sie, da sie bei der Nahrungssuche besonders erfolgreich sind.

Flamingos mit starker Rosafärbung fangen öfter Streit an als blassere Artgenossen. Sie sind aggressiver. In europäischen Zoos werden Flamingos mit Paprikapulver oder Karottensaft gefüttert, um die Rosafärbung zu erreichen. Die Dunaliella-Algen oder die Flusskrebse sind schwer zu beschaffen oder zu teuer.

Im Mittelmeer lebt ein Borstenwurm, dessen Augen 20-mal schwerer sind als der Rest seines Kopfes. Hätte der Mensch so große und schwere Augen, müsste er zusätzlich 100 Kilogramm mit sich herumtragen.

Bei der Paarung beißen sich männliche Haie in der Brustflosse der Weibchen fest. Die Flossenhaut der Weibchen ist daher besonders dick und extra gepanzert.

Eine Küchenschabe lebt noch neun Tage ohne Kopf, bevor sie verhungert.

Die Seidenspinnerraupe hat elf Gehirne.

Die vor Mallorca lebende Quallenart Turritopsis dohrnii ist unsterblich. Sie besitzt unter anderem sehr viele Gene, die für die DNA-Reparatur verantwortlich sind. Außerdem ist sie in der Lage, zwischen Polypen-Stadium und Medusen-Stadium hin- und herzuwechseln und sich so immer wieder zu verjüngen.

Der Riesenkalmar hat die größten Augen im Tierreich: Sie sind so groß wie Medizinbälle.

Die Gelbe Spinnerameise ist ein Feind der Weihnachtsinsel-Krabben. Sie verletzt die Augen der Krabben mit ihrem Gift, was zu deren Erblindung und schließlich zum Tod führt.

Die Haut von Eisbären ist schwarz, nur das Fell ist hell.

Mücken nehmen den Geruch eines Menschen über 60 Meter weit war. Licht spielt beim Aufspüren von Menschen keine Rolle.

Die Streifen eines Tigers befinden sich auch auf seiner Haut. Rasiert man einen Tiger, bleiben die Streifen bestehen. Jede Tiger-Musterung ist einzigartig.

Mangrovenquallen produzieren giftigen Schleim, den sie einfach ins Wasser geben. So können sie ihre Beute auch aus der Entfernung fangen, ohne sie zu berühren. Auch Menschen erleiden immer wieder Hautreizungen durch die Mangrovenqualle, obwohl sie das Tier nicht anfassen.

Im Sommer produziert ein 100 Jahre alter Laubbaum pro Tag genügend Sauerstoff für bis zu 50 Menschen. Der tägliche Sauerstoffbedarf eines Menschen liegt zwischen 600 und 1200 Litern und ist abhängig davon, wie viel er sich bewegt.

In Tschernobyl wurde ein Pilz entdeckt, der sich von der Radioaktivität vor Ort ernährt. Der Pilz ist in der Lage, Gammastrahlen in chemische Energie umzuwandeln, welche die Pilze zum Wachsen benötigen.

Kängurus locken Feinde mitunter absichtlich ins Wasser, um sie dort zu ertränken.

Känguru-Weibchen können ihre Schwangerschaft bis zu sechs Monate unterbrechen. Außerdem bestimmt die Mutter selbst, welches Geschlecht das Kind später haben wird.

Kängurus haben eine Schlagkraft von etwa 125 Kilogramm. Das ist die doppelte Schlagkraft eines untrainierten Erwachsenen. Ein Schwergewichtsprofi im Boxen bringt es auf eine Schlagkraft von 500 bis 770 Kilogramm. Er könnte es also gut mit einem Känguru aufnehmen.

Rentiere ändern im Laufe des Jahres ihre Augenfarbe. Dadurch sind besser an die veränderten Lichtverhältnisse in Sommer und Winter angepasst. Die Sommeraugen der Rentiere können 90 Prozent des einfallenden Lichtes reflektieren, die Winteraugen dagegen nur 40 Prozent.

Der Manchinelbaum ist so giftig, dass selbst Regenwasser, das von einem Blatt des Baumes auf deine Haut tropft, schwere Hautverbrennungen verursacht. Er wächst hauptsächlich in der Karibik.

Die russische Armee setzt Kampfdelfine ein, um Hafeneinfahrten vor Tauchern zu schützen.

Kroatische Forscher haben Bienen ausgebildet, die in der Lage sind, Landminen aufzuspüren. Die Bienen können den Sprengstoff in der Mine riechen, ohne dabei zu Schaden zu kommen.

Der höchste Baum der Welt ist der Hyperion. Dieses besondere Exemplar eines Küstenmammutbaums befindet sich im Redwood-Nationalpark in Kalifornien und hat eine Höhe von 115,85 Metern. Er ist damit höher als die Türme der Münchner Frauenkirche. Sein Alter wird auf 700 bis 800 Jahre geschätzt.

Katzen können eine Menschenallergie haben. Etwa eine von 200 Hauskatzen ist davon betroffen.

**In der Nordsee gibt es Haie.
Insgesamt elf Arten sind dort heimisch.**

Seeskorpione besitzen Kiemenstacheln, die sie bei Gefahr weit abspreizen können. Dadurch tut Möwen oder Raubfischen das Verschlucken der Tiere weh, sodass sie mitunter von ihrer Beute ablassen.

Verspeisen Seeskorpione einen besonders großen Beutefisch, kann es vorkommen, dass der Schwanz des Beutetiers noch für Stunden aus dem Maul schaut, während der Kopf gerade verdaut wird. Mit der Zeit schluckt der Seeskorpion schließlich auch den Schwanz herunter.

Seezungen haben eine Brustflosse, die so aussieht wie der Stachel des giftigen Großen Petermännchens. Bei Gefahr stellen Seezungen ihre Flosse auf, in der Hoffnung, dass ihr Angreifer sie mit dem Petermännchen verwechselt.

Von den weltweit 3000 Schlangenarten sind über 600 giftig.

Auch im Tierreich gibt es innerhalb ein und derselben Art Frühaufsteher und Langschläfer – wie bei uns Menschen.

Die in Deutschland invasive Nosferatu-Spinne baut keine Netze, um Beutetiere zu fangen. Sie springt potenzielle Beutetiere an und injiziert dann ein Gift. Für Menschen ist das Gift zum Glück nur schmerzhaft, aber nicht gefährlich.

Nachtfalter trinken die Tränen von Schildkröten, vermutlich um ihren Salzbedarf zu decken oder auf der Suche nach anderen Nährstoffen wie Proteinen, die in den Tränen enthalten sind.

Krokodile müssen weinen, wenn sie zu schnell fressen.

Oktopusse haben drei Herzen: ein Hauptherz und zwei Kiemenherzen. Sie benötigen diese drei Herzen, um ihren Körper mit ausreichend Sauerstoff zu versorgen.

Ein Mensch verliert pro Tag rund 1,5 Gramm Hautschuppen. Von dieser Menge können Millionen Hausstaubmilben leben … und tun es wahrscheinlich auch. Bon appétit!

KAPITEL 3

Schlaftechniken und Schlafhacks im Tierreich

Auch Tiere müssen schlafen – und das, obwohl ihre Gehirne lange nicht so weit entwickelt sind wie das des Menschen. Die Schlafmethoden und die Tricks, wie sich die Tiere beim Schlafen schützen, sind dabei so vielfältig wie die Natur selbst. Vom Sekunden-Powernapping über das Schlafen im Flug bis zum monatelangen Winterschlaf ist alles dabei:

Zügelpinguine schlafen bis zu 10 000-mal am Tag. Die längste Schlafphase dauert dabei nur etwa 4 Sekunden. Dank dieses Schlafverhaltens können die Pinguine ihre Brut auch allein besser vor Fressfeinden schützen.

Pfaue haben einen bestimmten Schlafbaum, auf den sie am Abend fliegen.

Seeotter halten im Schlaf Händchen, um nicht voneinander wegzutreiben.

Seekühe schlafen unter Wasser. Sie ertrinken nicht, da sie nur mit einer Gehirnhälfte schlafen. Die wache Gehirnhälfte sorgt dafür, dass die Tiere hin und wieder zur Wasseroberfläche tauchen, um zu atmen.

Mauersegler schlafen im Flug. Sie können bis zu zehn Monate ununterbrochen in der Luft sein.

Pottwale schlafen hochkant, sie stehen im Schlaf senkrecht im Wasser.

Basilisken, eine Echsenart, klettern zum Schlafen auf einen dünnen Ast, der über Wasser hängt. Nähert sich ein Fressfeind wie zum Beispiel eine Schlange, weckt der wackelnde Ast die Echsen, die sich ins Wasser fallen lassen und fliehen.

Vögel krallen sich im Schlaf an Ästen fest. Dass sie dabei nicht herunterfallen, verdanken sie neben ihrem Gleichgewichtsorgan im Ohr einem zweiten Gleichgewichtsorgan in der Nähe des Beckens.

Während des Winterschlafs von rund sechs Monaten reduziert ein Murmeltier seine Stoffwechselrate auf ein Zehntel. Sein Herz schlägt nur fünfmal in der Minute und es atmet nur ein- bis zweimal. Die Körpertemperatur sinkt auf 3 Grad ab. Bären halten übrigens keinen Winterschlaf, sondern lediglich eine Winterruhe, damit sie sich jederzeit gegen Angriffe verteidigen können. Die metabolische Leistung der Bären ist dennoch ebenso erstaunlich wie die der Murmeltiere.

Flamingos schlafen stehend auf einem Bein. Ein spezielles Kniegelenk, das einrastet, wenn das Standbein durchgedrückt ist, sorgt dafür, dass sie kaum Muskelkraft beim Stehen benötigen.

Schlafende Honigbienen erkennt man an ihrem Hinterteil. Wippt es, ist die Biene wach und tankt Sauerstoff. Ist das Hinterteil ruhig und hängen die Fühler herab, schläft die Biene.

Manche Wildbienen beißen sich zum Schlafen mit ihren Mandibeln (Mundwerkzeugen) an kleinen Zweigen oder Blattstielen fest.

Elefanten schlafen nur 2 bis 3 Stunden am Tag.

Die 5 größten Langschläfer im Tierreich

1. Koala: bis zu 22 Stunden
2. Fledermaus: bis zu 20 Stunden
3. Riesengürteltier: bis zu 18 Stunden
4. Python: bis zu 18 Stunden
5. Opossum: bis zu 18 Stunden

Tiere, die den Durchblick haben

Auch in Sachen Sehen hat die Natur erstaunlich unterschiedliche Fähigkeiten ausgebildet. Tiere, die ohne Probleme rückwärts schauen können. Tiere, die gleichzeitig in zwei Richtungen gucken können … Hier die Fakten:

Schafe haben rechteckige Pupillen. Die besondere Form ermöglicht ihnen ein breites Sichtfeld und hilft ihnen dabei, Raubtiere frühzeitig zu erkennen.

Geckos haben die einzigartige Fähigkeit, die Fläche ihrer Pupillen um den Faktor 300 zu verändern. Zum Vergleich: Deine Pupille kann sich nur etwa um das 15-Fache verändern.

Einige Tiere haben asymmetrische Pupillen. Zum Beispiel haben Wale und Delfine eine horizontale Pupille im oberen Teil des Auges und eine vertikale Pupille im unteren Teil. Dies ermöglicht es ihnen, sowohl über als auch unter Wasser gut zu sehen.

Kugelfische haben vier Pupillen in einem Auge, was ihnen ein breiteres Sichtfeld ermöglicht.

Die Augen von Eulen sind unbeweglich. Um ihren Blickwinkel zu verändern, müssen Eulen ihren Kopf drehen. Durch ein besonderes Gelenk, das Kopf und Wirbelsäule verbindet, können Eulen ihren Kopf um 270 Grad drehen, ohne ihre Position zu verändern. Eulen könnten also tatsächlich auf den eigenen Hintern, der in diesem Fall ein Schwanz ist, schauen, ohne einen Spiegel zu benutzen.

Das Kamel hat drei Augenlider pro Auge, wobei das dritte Augenlid transparent ist. Das ermöglicht es dem Kamel, trotz Wüstensand noch sehen zu können.

Pferde haben ein Sichtfeld von etwa 350 Grad, wir Menschen nur eines von 180 Grad.

Libellen haben eine einzigartige Sehkraft. Ihr Auge besteht aus mehr als 30 000 einzelnen Augen, die auch ultraviolettes Licht sehen können. Dadurch haben sie die Fähigkeit, ins Wasser hineinzusehen und ihre Beute zu finden.

Chamäleons haben unabhängig voneinander bewegliche Augen, die es ihnen ermöglichen, zwei verschiedene Objekte gleichzeitig zu betrachten.

Nagelrochen haben die Fähigkeit, elektromagnetische Felder wahrzunehmen. Sie können daher die Muskelbewegungen ihrer Beutetiere »sehen«.

Im Netz der Spinne

Spinnen produzieren mit ihren Fäden eines der faszinierendsten Materialien der Welt: den Spinnenfaden. Mehr über dessen erstaunliche Eigenschaften und die mitunter ungewöhnliche Lebensweise der Spinnen erfährst du hier:

Bezogen auf ihr Gewicht sind Spinnenfäden fünfmal so stabil wie Stahl.

Die Fäden der Gartenkreuzspinne werden dank eines höheren Anteils der Aminosäure Prolin bei Feuchtigkeit länger und bei Trockenheit weniger elastisch.

Die Netze der auf Madagaskar lebenden Caerostris darwini, zu Deutsch »Darwins Rindenspinne«, haben eine Spannweite von bis zu 25 Metern. Und das, obwohl die Spinne selbst nur 2 Zentimeter groß wird. Die Seide der Caerostris darwini gilt als das zäheste bekannte Biomaterial der Welt. Es ist zehnmal stärker als ein vergleichbarer Strang Kevlar.

Die kleinste Spinne der Welt wird nur 0,37 Millimeter groß. Sie lebt in Kolumbien.

Die Spinne Argyroneta aquatica baut sich eine Taucherglocke, die sie mit Luft füllt, um unter Wasser leben zu können.

Spinnenseide kann um das Dreifache gedehnt werden, ohne zu reißen.

Würde eine Gartenkreuzspinne einen Faden Spinnenseide um den gesamten Äquator spinnen, würde der gesamte Faden lediglich 500 Gramm wiegen.

Spinnen können bis zu sieben verschiedene Fadenarten produzieren, je nach Einsatzzweck.

Spinnenfäden können entweder wie eine Sprungfeder oder wie ein Gummiband funktionieren. Die Gummibandfäden ziehen sich wieder zusammen, wenn sie auseinandergezogen werden. Die Sprungfeder-Fäden lassen sich dagegen zusammendrücken und springen dann wieder in ihre Ausgangsform zurück.

Bolaspinnen jagen, indem sie einen Faden spinnen, an dessen Ende sich eine klebrige Schleimkugel befindet. Ähnlich wie bei einem Wurf mit einem Bola-Lasso (daher der Name) schleudert sie diesen anschließend in Richtung ihrer Beute, sodass diese daran kleben bleibt.

Die giftigsten Pflanzen Deutschlands

Auch in deutschen Landschaften wachsen in der freien Natur zahlreiche Giftpflanzen, die einen Menschen töten können. Welche das sind, erfährst du hier:

Blauer Eisenhut: Bereits die Berührung der krautartigen Pflanze kann zu Hautreaktionen, Übelkeit, Erbrechen, Schwindel, Herzrhythmusstörungen oder Krampfanfällen führen. Der Verzehr eines Blattes kann binnen einer Dreiviertelstunde zum Tod führen.

Eibe: Die immergrüne Heckenpflanze ist in vielen Gärten zu finden. Während die Blätter und die anderen Teile des Baumes hochgiftig sind, ist lediglich das Fruchtfleisch seiner Beeren genießbar. Deren Kern ist allerdings ebenfalls giftig.

Tollkirsche: Die schwarzen Beeren der Tollkirsche enthalten ein Giftgemisch, welches das zentrale Nervensystem angreift. Bei Kindern reichen bereits drei bis fünf Beeren für eine letale Dosis aus. Erwachsene müssten bis zu zehn der Beeren essen. Mit dem Gift der Tollkirsche, dem Atropin, haben sich Frauen früher die Pupillen größer gemacht, um besser auszusehen. Die Pflanze ist daher auch unter dem Namen Belladonna bekannt.

Gefleckter Schierling: Bereits Berührungen der gefiederten Blätter dieses Doldenblütlers können zu Übelkeit und Durchfall sowie zu Atemlähmung und Ersticken führen. Die Pflanze verströmt einen unangenehmen Geruch nach Urin.

Herbstzeitlose: Der Verzehr der Zwiebelblume kann Herzrhythmusstörungen und Krampfanfälle auslösen.

Bilsenkraut: Die Alkaloide in der Pflanze können Halluzinationen, Krämpfe und Atembeschwerden hervorrufen.

Maiglöckchen: Wird oft mit Bärlauch verwechselt! Alle Teile der Pflanze sind giftig. Neben Übelkeit, Erbrechen und Durchfall können auch Herzrhythmusstörungen auftreten.

Riesenbärenklau: Zu erkennen an den mächtigen weißen Blütenstauden. Berührungen führen zu schweren Hautreizungen und Verbrennungen.

Wunderbaum: Die Samen der Pflanze, die eher einem Busch als einem Baum gleicht, enthalten Rizin. Ein starkes Gift, das für Übelkeit, Erbrechen und Durchfall sorgt.

Stechapfel: Auch bei dieser krautigen Pflanze sorgen Alkaloide für Halluzinationen, Krämpfe und Atembeschwerden.

"Also, bitte nicht einfach in der Natur oder in der Stadt ein Blatt von einer dir unbekannten Pflanze abzupfen und darauf herumkauen!"

Mythos Tod durch Fliegenpilz! Bisher gibt es keinen dokumentierten Todesfall, der sich ausschließlich auf den Verzehr von Fliegenpilz zurückführen lässt.

Bitte nicht anfassen! Giftige Tiere in Deutschland

Bei giftigen Tieren denken die meisten an Australien oder Gegenden in Afrika. Doch auch in Deutschland leben Tiere, die dir gefährlich werden können:

Petermännchen: Der Fisch aus der Nord- und Ostsee kann unter anderem über die Dornen in seiner Rückenflosse ein Gift absondern, das extreme Schmerzen verursacht. Jedes Jahr werden 30 bis 40 Menschen in Deutschland gestochen, ich gehörte auch schon dazu. Die Strandwacht riet mir damals dazu, im heißen Sand zu laufen, um die Giftproteine zu zerstören. Natürlich wurde es irgendwann besser. Ob es aber an diesem Tipp lag – schwer zu sagen. Logisch klingt es zumindest.

Gelbe Haarqualle: Sie ist wie das Petermännchen in Nord- und Ostsee zu finden und auch als Feuerqualle bekannt. Berührungen führen zu brennenden Schmerzen. Bei Allergikern kann das Gift der Qualle zusätzlich Atemnot und Fieber hervorrufen.

Feuersalamander: Vor allem Kleinkinder und Hunde sollten es vermeiden, mit einem Feuersalamander in Berührung zu kommen. Das Gift, das als Sekret in der Haut steckt, verursacht Übelkeit und Atembeschwerden. Haustiere können davon sogar sterben. Der Name stammt übrigens nicht von dem brennenden Gefühl auf der Haut, sondern von einem früheren Irrglauben, Brände durch das Hineinschmeißen eines Salamanders bekämpfen zu können. No joke ...

Eichenprozessionsspinner: Dieser Nachtschmetterling verfügt im Raupenstadium über feine Brennhärchen. Das in ihnen enthaltene Nesselgift Thaumetopoein kann Hautreizungen, Bindehautentzündungen, allergische Reaktionen sowie Atembeschwerden hervorrufen.

Aspisviper: Der Biss dieser Schlange kann im Extremfall tödlich sein oder aber Lähmungen herbeiführen. Sie ist in Deutschland fast ausschließlich im südlichen Schwarzwald beheimatet. Begegnungen sind extrem selten.

Kreuzotter: Obwohl das Gift der Kreuzotter dreimal so giftig ist wie das der Klapperschlange, sind Todesfälle selten. Das liegt vor allem daran, dass das Giftreservoir der Schlange nicht so groß ist und sie es in der Regel sparsam dosiert.

Ammen-Dornfinger: Sie gilt als einzige Spinne Mitteleuropas, die dem Menschen bedeutsame Vergiftungen zufügen kann. Ein Biss mit ihren imposanten Kieferklauen kann zu Fieber, Schüttelfrost und Kreislaufversagen führen, die Vergiftungssymptome halten bis zu 30 Stunden an.

Bienen und Wespen: In Deutschland sterben jährlich etwa 20 Menschen durch das Gift von Bienen- oder Wespenstichen. Zecken haben hierzulande dagegen »nur« ein bis fünf Menschen pro Jahr auf dem Gewissen. Und das, obwohl sie pro Jahr 10 Millionen Menschen beißen.

Das giftigste Tier in Mitteleuropa kann dir wohl nur im Supermarkt begegnen. In Bananenkisten fanden sich in der Vergangenheit schon hochgiftige Brasilianische Wanderspinnen.

Vorsicht vor den giftigsten Tieren der Welt!

Nun schauen wir uns die wirklichen Schwergewichte in Sachen Gift an, damit es bei deinem nächsten Urlaubstrip in ferne Länder nicht etwa zu bösen Überraschungen kommt:

Seewespe: Das Gift dieser Würfelqualle ist so stark, dass es einen Menschen innerhalb weniger Minuten töten kann. Besonders gefährlich ist die Tatsache, dass eine Qualle genug Gift in sich trägt, um bis zu 250 Menschen zu töten. Die Seewespe lebt in der Karibik, in Australien und im Indopazifik.

Inlandtaipan: Ein Biss der Giftschlange reicht, um mehr als 200 erwachsene Menschen zu töten. Sie lebt in Australien (keine Sorge, Australien kommt noch öfter vor.)

Blaugeringelte Krake: Das stark lähmende Gift der Tiere führt zum Atemstillstand. Besonders gruselig: Während das passiert, bist du bei völligem Bewusstsein. Wieder Australien. Und zwar auch in flachen Küstengewässern.

Irukandji: Noch eine Würfelqualle, nur ist ihr Schirm gerade einmal 1 bis 2 Zentimeter groß. Der Stich selbst ist dabei kaum schmerzhaft. Du bekommst ihn nicht einmal mit. Allerdings kommt es nach 30 bis 60 Minuten zum höchst unangenehmen Irukandji-Syndrom mit starken Schmerzen unter anderem am Rücken, Bauch und an der Brust. Es sind zahlreiche Fälle bekannt, bei denen die Schmerzen tagelang anhielten und selbst mit Schmerzmitteln nicht zu bekämpfen waren. Vorkommen: natürlich Australien.

Kegelschnecke: Unter den 500 Kegelschneckenarten gibt es einige, von denen man besser die Finger lassen sollte. Das ist gar nicht so leicht, denn die Kegelschnecken haben äußert farbenprächtig gemusterte Behausungen, die Menschen gerne aus dem Wasser fischen. Zu den giftigsten Arten zählt die Conus geographus, die Landkarten-Kegelschnecke. Ihr Gift besteht aus mehr als 200 Komponenten. Ein Gegengift gibt es nicht. Wenn du gebissen wirst, versuchen die Ärzte, dich so lange am Leben zu erhalten, dass dein Körper die Giftstoffe abbauen kann. Vorkommen: schon wieder Australien.

Mit anderen Worten: Wenn du in Australien unterwegs bist, pass auf Quallen, Schlangen, Kraken und Schnecken auf. Und fass ja nicht die Sydney-Trichternetzspinne an, die neben der Brasilianischen Wanderspinne als giftigste

Spinne der Welt gilt. Ihr Gift kann dich binnen einer Stunde töten, wenn du nicht rechtzeitig ein Gegengift nimmst.

Solltest du nun doch von einer Sydney-Trichternetzspinne gebissen werden und ein Gegengift verabreicht bekommen, danke bitte den Kaninchen. What? Um das Gegengift herzustellen, wird das Gift der Trichternetzspinnen zunächst »gemolken«. Anschließend wird das Gift über sechs Monate in winzigen Dosen an Kaninchen verabreicht, bis nicht einmal mehr die sechsfache tödliche Dosis des Giftes den Kaninchen etwas anhaben kann. Haben die Kaninchen diesen Zustand erreicht, wird ihnen Blut abgezapft, aus denen die entsprechenden Antikörper mit einer Blutzentrifuge gewonnen werden.

Warum sind manche Tiere so übertrieben giftig? Ein zu langsam wirkendes Gift kann einen kräftezehrenden Kampf oder eine lebensbedrohliche Verfolgung der Beute bedeuten. In anderen Fällen dient das Gift als Verteidigungsstrategie gegen weitaus überlegene Angreifer.

Drogen im Tierreich: Der Rausch der Wildnis

Du dachtest, dass nur Menschen mal gerne einen über den Durst trinken? Weit gefehlt! Auch zahlreiche Tiere lassen gern mal alle fünfe gerade sein und berauschen sich an Substanzen, die sie in ihrer Umgebung finden:

Rentiere essen Fliegenpilze, um high zu werden.

Kängurus in Australien plündern Schlafmohnfelder, um an die Opiate und Morphin zu kommen und sich an ihnen zu berauschen.

In Kamtschatka haben Bären nahe einer Wildhüterstation angefangen, an leeren Kerosinfässern zu schnüffeln, mit denen die Hubschrauber der Wildhüter betankt worden waren.

Delfine kauen auf Kugelfischen herum, um von dem Gift high zu werden. Sie reichen den Kugelfisch sogar von einem zum anderen Delfin weiter.

Baumspitzhörnchen trinken fast jeden Tag den Nektar der Bertram-Palme. Der vergorene Nektar hat einen Alkoholgehalt von 3,8 Prozent. Die Menge, welche die Baumspitzhörnchen dabei konsumieren, entspricht der von zwölf Gläsern Wein bei einem Menschen.

Der Seidenschwanz, eine Vogelart in Kanada und Skandinavien, berauscht sich an fermentierten Vogelbeeren. Die Vögel haben eine sehr große Leber und vertragen Alkohol relativ gut. Während ältere Vögel wissen, wann sie genug haben, kann es jüngeren Vögeln passieren, dass sie für ein paar Stunden betrunken am Boden liegen.

Stechen Mücken einen betrunkenen Menschen mit 1 Promille, hat die Mücke danach 0,5 Promille.

Lemuren beißen Tausendfüßer, um von dem Gift stoned zu werden. Schöner Nebeneffekt: Während des Rauschs produzieren Lemuren besonders viel Speichel, mit dem sie sich dann einreiben können, um sich vor Moskitos zu schützen.

Jaguare kauen an den Wurzeln und Blättern der Caapi-Pflanze, da sie ein Halluzinogen enthält.

Vögel nehmen sehr viel Alkohol zu sich, indem sie vergorene Beeren essen. Sie haben daher mitunter mehr als 3 Promille intus. Da Vögel jedoch eine sehr viel höhere Konzentration an Enzymen für den Alkoholabbau haben, können sie größere Alkoholmengen auch schneller abbauen. Ein Star beispielsweise braucht gerade mal 2 Stunden, um von 3 auf 0 Promille zu kommen.

Im Südwesten Nordamerikas grassiert eine Drogenepidemie unter Pferden. In den Wintermonaten wächst auf den Weiden vor allem Unkraut mit dem Inhaltsstoff Swainsonin, das die Tiere süchtig macht. Der jährliche Schaden wird auf über 100 Millionen Dollar geschätzt.

Hallo? Hörst du mich? Wie Tiere und Pflanzen miteinander kommunizieren

Bei keinem anderen Lebewesen ist die Fähigkeit zur Kommunikation so ausgeprägt wie beim Menschen. Doch auch in der Natur gibt es unzählige Methoden, mit denen Tiere sich verständigen und Informationen weiterreichen können:

Elefanten kommunizieren über weite Strecken miteinander, indem sie auf den Boden stampfen. In bis zu 30 Kilometern Entfernung nehmen andere Elefanten das Vibrieren des Bodens und die damit verbundene Information mit ihren Fußnägeln war.

Pottwale erzeugen Klicklaute, die mit 230 Dezibel deut- lich lauter sind als ein Düsenjet beim Start (150 Dezibel). Die Laute dienen nicht nur der Kommunikation, sondern auch, um Feinde wie zum Beispiel angreifende Orcas abzuwehren. Für einen Menschen ist ein solcher Klicklaut bereits ab 180 Dezibel tödlich, da die Schallwellen die Lungenbläschen zum Platzen bringen. Pottwale sind

übrigens in Clans mit bis zu Tausenden Tieren organisiert. Jeder Clan spricht dabei sogar einen eigenen Dialekt.

Delfine benutzen, wie viele Menschen auch, eine Baby-Sprache, wenn sie mit ihrem Nachwuchs reden.

Haie sind stumm. Sie haben kein Organ, mit dem sie Töne produzieren können. Dafür kommunizieren sie über die Farbe ihrer Haut oder aber über Bewegungen.

Das Gorilla-Weibchen Koko, das im Zoo von San Francisco lebte, war in der Lage, die menschliche Zeichensprache zu lernen. Sie beherrschte und kommunizierte mit über 1000 Gebärden.

Wildlebende Schimpansen haben eine Zeichensprache, die 66 verschiedene Gesten umfasst.

Bäume übermitteln einander Signale über riesige Pilzgeflechte in der Erde. Sie Informieren sich zum Beispiel gegenseitig über Schädlinge.

Giraffen sprechen über Infraschalltöne miteinander, die wir Menschen nicht hören können.

Warum einige Tierarten ständig Herzrasen haben

Erwachsene Menschen haben eine Normalpuls von 60 bis 80 Schlägen in der Minute. Aber im Tierreich gibt es eine erstaunliche Bandbreite an Herzfrequenzen bis hin zu über 1000 Schlägen in der Minute:

* Fledermaus (im Flug): bis zu 1000 Schläge in der Minute
* Mauersegler: 700 Schläge in der Minute
* Streifenhörnchen: 684 Schläge in der Minute
* Spitzmaus: 500 Schläge in der Minute (bei Aufregung bis zu 1300!)
* Hamster: 450 Schläge in der Minute
* Ratte: 328 Schläge in der Minute
* Taufliege: 235 Schläge in der Minute
* Meerschweinchen: 280 Schläge in der Minute
* Katzen: 120 Schläge in der Minute
* Pferd: 44 Schläge in der Minute
* Löwe: 40 Schläge in der Minute
* Elefant: 35 Schläge in der Minute

* Kamel: 30 Schläge in der Minute
* Blauwal beim Tauchen: 2 bis 8 Schläge in der Minute (Normalpuls: 15 Schläge in der Minute)

Was es mit den gigantischen Herzfrequenzen von bis zu 1300 Schlägen auf sich hat? Hohe Herzfrequenz ist gleich hoher Energieumsatz. Kleine Tiere wie die Spitzmaus haben einen sehr großen Energiebedarf in Relation zu ihrem Gewicht. Eine Spitzmaus zum Beispiel muss jeden Tag rund 130 Prozent ihres Körpergewichts essen. Bei schwangeren Spitzmäusen sind es sogar 200 Prozent. Findet eine Spitzmaus für 2 bis 3 Stunden keine Nahrung, verhungert sie. Niedrige Herzfrequenzen deuten entsprechend auf ein großes Tier mit langsamem Stoffwechsel und niedrigem Energieumsatz hin.

Sport stärkt bekanntlich den Herzmuskel, damit dieser kräftiger schlagen und pro Schlag mehr Blut transportieren kann. Während der Ruhepuls eines untrainierten Erwachsenen wie erwähnt bei 60 bis 80 Schlägen pro Minute liegt, kommen durchschnittlich trainierte Ausdauersportler auf etwa 40. Bei Profiradrennfahrer Miguel Indurain wurde sogar ein Ruhepuls von nur 28 Schlägen pro Minute gemessen.

LEBEN EXTREM

Ob in der Tiefsee, in der Wüste oder in den eisigen Gebirgshöhen des Himalaja ... das Leben findet immer einen Weg, selbst an den unwirtlichsten Orten unserer Welt. Lerne einige der faszinierendsten Überlebenskünstler kennen:

Anglerfische leben in Tiefen von unterhalb 300 Metern. Sie sind bekannt für ihren kleinen biolumineszenten »Köder«, den sie verwenden, um Beute in der Dunkelheit anzulocken. Die Leuchtkraft des Anglerfischs wird durch Photobakterien erzeugt.

Der Riesenkalmar ist über 10 Meter lang. Bis vor Kurzem dachte man, dass das Tier nicht real wäre, sondern eine Seefahrer-Legende. Erst Anfang des 21. Jahrhunderts wurden Funde von Riesenkalmaren wissenschaftlich untersucht und bestätigt. Die Tiere leben in bis zu 3000 Metern Tiefe.

Pottwale tauchen bis zu 3000 Meter tief. Unter anderem auf der Suche nach Riesenkalmaren, die sie verspeisen. Sie können über 2 Stunden unter Wasser blieben.

Der Tiefseefisch Pseudoliparis swirei wurde 2017 in einer Tiefe von über 8000 Metern gefangen. Dort herrscht ein enormer hydrostatischer Druck. Spezielle Gene sorgen dafür, dass die Zellmembranen des Fisches flüssiger sind als bei seinen Artgenossen und Zellfunktionen daher auch bei hohem Druck aufrechterhalten werden können.

Unterhalb von 8500 Metern Meerestiefe machen Seegurken, die wie der Seestern Stachelhäuter sind, 90 Prozent der Biomasse aus.

Bärtierchen halten Temperaturen von 150 Grad plus und 250 Grad minus aus. Sie können Jahre ohne Nahrung und Wasser auskommen und sind dabei praktisch tot: Es findet kein Stoffwechsel statt. Die Tierchen, die gerade mal einen halben Millimeter groß sind, leben sowohl an Land als auch im Wasser – in der Arktis, im Himalaya und selbst in 5000 Metern Tiefe im Indischen Ozean.

Kamele haben erstaunliche Speicherkapazitäten. In ihren Höckern lagert aber kein Wasser, sondern Fett. Bis zu 40 Liter können dort gespeichert werden. Wasser hingegen speichern sie im Magensystem – bis zu 150 Liter.

Die winzig kleine Springspinne ist auch in sehr hohen Höhen überlebensfähig. Sie wurde am Mount Everest sogar in Höhen von über 6700 Metern gesehen.

Der Nordamerikanische Eisfrosch kann im Winter komplett einfrieren und im Frühling unbeschadet wieder auftauen. Dabei gefrieren bis zu zwei Drittel seiner Körperflüssigkeit zu Eis.

Fastenzeit: Welches Tier kann wie lange ohne Nahrung auskommen?

Kamele: Sie können mit ihren großen Fett- und Wasserspeichern bis zu 2 Wochen ohne Wasser und 4 Wochen ohne Nahrung auskommen, ohne an Körperfunktionalität zu verlieren.

Bären: Während des Winterschlafs können sie 3 bis 7 Monate ohne Nahrung auskommen.

Kaiserpinguine: Sie fasten während der Brutzeit, die bis zu 4 Monate dauern kann.

Krokodile: In kühleren Klimazonen können sie mehrere Monate ohne Nahrung überleben.

Netzpythons: Nach einer großen Mahlzeit können sie bis zu 6 Monate ohne weitere Nahrung auskommen.

Grönlandhaie: Haben einen sehr langsamen Stoffwechsel. Sie können bis zu einem Jahr ohne Nahrung überleben.

Wüstenfrösche: Einige Arten können in Trockenperioden ebenfalls bis zu einem Jahr ohne Nahrung überleben.

Albatrosse: Sie können auf See monatelang ohne regelmäßige Nahrungsaufnahme auskommen.

Alterspräsidenten: So alt können Tiere werden

* Grönlandhai: bis zu 400 Jahre
* Ozean-Quahog-Muschel: bis zu 507 Jahre
* Grönlandwal: bis zu 211 Jahre
* Rougheye-Felsenfisch: bis zu 205 Jahre
* Riesenschildkröte: über 200 Jahre
* Korallen: bis über 4200 Jahre
* Koi: 226 Jahre
* Roter Seeigel: bis zu 200 Jahre
* Röhrenwürmer: bis zu 250 Jahre
* Antarktischer Riesenschwamm: über 10 000 Jahre
* Unsterbliche Qualle: unendlich

Das Geheimnis der Fibonacci-Folge

Die Fibonacci-Folge ist eine der geheimnisvollsten Zahlenfolgen der Mathematik. Dabei ist die Definition der unendlichen Zahlenfolge simpel: Jede Zahl der Folge ist die Summe der beiden vorangegangenen Zahlen: 1, 1, 2, 3, 5, 8, 13, 21, 34, 55, 89 … Das Interessante daran ist, dass die Fibonacci-Folge nicht einfach nur ein mathematisches, sondern auch ein natürliches Muster zu sein scheint. Überall in der Natur tauchen nämlich die Fibonacci-Zahlen oder -Sequenzen auf. Ein paar Beispiele:

Die Samen der Sonnenblume sind entsprechend der Fibonacci-Folge angeordnet.

Die Spiralen der Oberfläche einer Ananas folgen der Fibonacci-Sequenz.

Die Schuppen von Kiefernzapfen bilden Fibonacci-Spiralen.

Das Wachstumsmuster eines Schneckenhauses basiert auf einer logarithmischen Spirale, deren Grundlage die Fibonacci-Sequenz ist.

Sogar in der Spiralform von Hurrikanen wurde die Fibonacci-Sequenz entdeckt.

Selbst die Abstände der Planeten unseres Sonnensystems lassen sich mit der Fibonacci-Sequenz abbilden.

Und ein tieferer Blick ins All zeigt: Viele Galaxien folgen Mustern entlang der Fibonacci-Folge.

Was die Fibonacci-Zahlen so besonders macht, ist womöglich ihre Verbindung mit der Zahl Phi (nicht zu verwechseln mit Pi), die bekanntlich die Grundlage des Goldenen Schnitts ist. Der Bruch zweier aufeinanderfolgender Fibonacci-Zahlen liegt immer ganz nah an der Zahl Phi, also bei rund 1,61. Je größer die beiden nebeneinanderliegenden Fibonacci-Zahlen sind, die man teilt, desto näher liegt das Ergebnis an Phi – der Goldenen Zahl.

Auf ins All:
Das Universum und der ganze Rest

Der Weltraum, unendliche Weiten … dies sind die Abenteuer der USS Wissensbert, die zu fernen Galaxien reist, um Unglaubliches zu entdecken. Der Blick ins All ist ein Blick auf uns selbst. Wir Menschen – und überhaupt alles Leben genauso wie der ganze Erdball – setzen uns aus Atomen zusammen. Diese sind zunächst irgendwo durchs All gereist, bevor sie zu jenem legendären Gesteinsbrocken wurden, der mit einer Geschwindigkeit von 107 000 Stundenkilometern um einen Stern in der Milchstraße rast. Höchste Zeit, sich mal genauer anzuschauen, wo wir eigentlich herkommen:

Dank der Raumsonde Voyager, die 1977 von der Erde startete und 2012 als erstes von Menschen geschaffenes Objekt den interstellaren Raum erreichte, wissen wir, dass der interstellare Raum nicht leer ist. Pro Kubikzentimeter gibt es dort zum Teil nur rund 0,1 Atome. In unserem Sonnensystem ist der Raum zwischen den Planeten dagegen mit 10 bis 100 Atomen pro Kubikzentimeter gefüllt. Zum Vergleich: Die Luft an der Erdoberfläche enthält pro Kubikzentimeter 90 Trillionen Atome. Ende 2023 gab es übrigens ein Daten-

problem an der Voyager-Sonde. Es konnte jedoch trotz einer Entfernung von mittlerweile über 24 Milliarden Kilometern im Frühjahr 2024 repariert werden.

Alle Sterne des Universums zusammen haben in den letzten 13 Milliarden Jahren etwa 4×10^{84} (4 Quattuordezillionen) Photonen ausgestrahlt. Um eine Vorstellung davon zu bekommen: Beim Sonnenbaden prasseln pro Sekunde 10 Billiarden Photonen auf jeden Quadratzentimeter deiner Haut.

Die Zahl der Atome im bekannten Universum wird auf 10^{89} geschätzt. Eine unfassbare hohe Zahl – die allerdings kleiner ist als die Anzahl theoretisch möglicher Schachpartien. Das sind nämlich 10^{120}.

Hältst du ein Sandkorn in den Nachthimmel, verdeckt es rund 10 000 Galaxien.

Es gibt Sterne im Weltall, die lediglich 25 Grad warm sind.

Beim Auflösen eines Vakuums saugt nicht das Vakuum die Luft an – im Gegenteil: Lediglich der atmosphärische Druck sorgt dafür, dass die Luft ins Vakuum gedrückt wird. Vom Vakuum selbst geht keine Kraft aus.

Das Weltall ist kein rechtsfreier Raum. Rechte und Gesetze sind im sogenannten Weltraumvertrag geregelt, der 1967 in Kraft trat.

Eine Supernova, also die Explosion eines massereichen Sterns am Ende seiner Lebenszeit, kann für kurze Zeit heller strahlen als die gesamte Galaxie, in der sie sich befindet. Das Nachglühen einer Supernova kann sich über Monate hinziehen und so hell sein, dass es auf der Erde mit bloßem Auge zu sehen ist.

Ein Stern kann zwar Millionen oder gar Milliarden Jahre lang brennen, aber der Gravitationskollaps, der zur Supernova führt, geschieht in Sekundenbruchteilen. Bei der anschließenden Explosion werden Teile des Sterns mit einer Geschwindigkeit von bis zu 30 000 Kilometern pro Sekunde ins All geschleudert.

Die bei einer Supernova freigesetzte Energie entspricht ungefähr der gesamten Energiemenge, die unsere Sonne während ihrer Lebensdauer von 10 bis 13 Milliarden Jahren umsetzen wird.

Stirbt ein Stern und reicht seine Masse nicht für ein schwarzes Loch, können aus den Überresten Neutronensterne entstehen. Diese sind winzig klein und haben einen Durchmesser von 10 bis 15 Kilometern Durchmesser. Allerdings wiegen sie mehrfach so viel wie unsere Sonne, sind also extrem massereich. Neutronensterne können sich mit 500 Kilometern pro Sekunde durch eine Galaxie bewegen und rotieren mit bis zu 700 Umdrehungen in der Sekunde außergewöhnlich schnell.

Beobachtet man einen Neutronenstern, kann man durch die starke Gravitation Teile seiner Rückseite sehen.

Ein Teelöffel voll Neutronenstern würde auf der Erde etwa 1 Billion Kilogramm wiegen.

Das Magnetfeld von Neutronensternen kann mehrere Billionen mal so stark wie das der Erde sein. Bei einer Annäherung auf etwa 200.000 Kilometer würden bereits die Informationen auf dem Magnetstreifen einer Kreditkarte gelöscht. Ein lebender Organismus würde es bis auf 1000 Kilometer heranschaffen, bevor das Magnetfeld die atomaren Elektronenwolken letal verzerren würde.

Ein Kubikzentimeter Neutronenstern enthält ähnlich viel Energie wie die Jahresleistung eines großen Atomkraftwerks.

Planetarische Nebel wie der Katzenaugennebel bestehen aus interstellaren Staub- und Gaswolken, die durch einen heißen Stern in ihrer Mitte zum Leuchten angeregt werden. Den Zentralstern sieht man jedoch meistens nicht, da er vom Nebel überstrahlt wird.

Das Universum kennt keinen Wassermangel. Wasserstoff ist mit einem Anteil von ca. 74 Prozent das Element, das am häufigsten im Universum vorkommt. Sauerstoff folgt immerhin auf Platz drei mit 1 Prozent. Auf Platz zwei liegt Helium mit 24 Prozent. Dass Wasserstoff und Helium so häufig vorkommen, liegt daran, dass sie die leichtesten Elemente sind und daher zu den ersten Elementen gehörten, die nach dem Urknall gebildet wurden. Je schwerer die Elemente, desto seltener. Das derzeit schwerste bekannte Element ist Oganesson und wurde im Labor gebildet.

Das 50 Lichtjahre entfernte Himmelsobjekt BPM 37093 ist ein kollabierter Stern, dessen Kohlenstoff durch ungewöhnlich hohen Druck nahezu vollständig auskristallisiert ist. Mit seinem Durchmesser von 8000 Kilometern ist er der derzeit größte bekannte Diamant im Universum. Er trägt den Spitznamen »Lucy« – abgeleitet vom Beatles-Song »Lucy in the Sky with Diamonds«.

Die Schwerelosigkeit auf der ISS ist Fake. In Wirklichkeit fällt die ISS immer nur schnell genug in einer großen Kreisbahn an der Erde vorbei. Das Prinzip ähnelt also mehr der Schwerelosigkeit, die auch auf einem Parabelflug eines Flugzeuges erzeugt wird.

Auf dem 64 Lichtjahre entfernten Planeten HD 189733b stinkt es nach verfaulten Eiern. Der Grund: Er hat eine Atmosphäre mit einem hohen Schwefelwasserstoffanteil.

Während die Kernfusion im Inneren von Sternen in der Lage ist, Elemente wie Sauerstoff, Kohlenstoff oder Eisen zu produzieren, werden für schwere Elemente wie Gold, Silber oder Platin sogar noch größere Energiemengen benötigt. Diese liefert zum Beispiel die Kollision von Neutronensternen. 2017 wurde eine solche Kollision von Astronomen beobachtet. Dabei entstanden allein 200 Erdmassen an Gold und rund 500 Erdmassen an Platin. Derzeit planen Forschende den Bau eines neuen leistungsstarken Gravitationswellenobservatoriums, das sogenannte Einstein-Teleskop, mit dem es möglich sein soll, die Entstehung von schweren Metallen wie Gold im Universum »live« zu beobachten. Es soll im Jahr 2025 fertiggestellt sein. Ein Standort wurde noch nicht ausgewählt.

Dunkle Energie macht 70 Prozent unseres Universums aus. Im Gegensatz zu »normalen« Energieformen wirkt die dunkle Energie aber abstoßend und nicht anziehend. Man vermutet sie als die treibende Kraft hinter der Ausdehnung unseres Universums – ein Prozess, der entgegen der Annahme nicht mit langsamer werdendem, sondern mit immer höherem Tempo abläuft.

Die dunkle Materie – der Gegenspieler der »normalen«, uns bekannten Materie – macht mehr als 80 Prozent der Masse im Universum aus. Diese Materieform emittiert weder Licht noch absorbiert sie es. Sie interagiert mit Licht und mit normaler Materie nur durch ihre Gravitation.

Materie und Antimaterie vernichten sich gegenseitig zu Energie oder werden simultan aus Energie erzeugt. Antimaterie galt lange als im Universum verschollen und wurde erstmals 1932 in der kosmischen Strahlung nachgewiesen.

Modelle sprechen dafür, dass das Verhältnis von Antimaterie und normaler Materie zu Beginn des Urknalls nicht ganz eins zu eins war. Ein winziges Ungleichgewicht von einem Teilchen Überschuss auf 1 Milliarde Antiteilchen Paare bewirkte, dass jener Rest an normaler Materie übrigblieb, der heute im Universum beobachtbar ist.

Der älteste bekannte Stern heißt Methuselah und ist 13,7 Milliarden Jahre alt und damit fast genauso alt wie das Universum. Es könnte sich also um einen der ersten Sterne handeln, die sich nach dem Urknall gebildet haben.

In 100.000 Milliarden Jahren geht dem Universum der Brennstoff aus, um neue Sterne bilden zu können. Sobald die letzten Sterne ausgebrannt sind, wird es im Universum komplett dunkel.

Durch die Rotverschiebung wird in fernster Zukunft sämtliche elektromagnetische Strahlung auf gigantische, nicht mehr nachweisbare Wellenlängen mit niedriger Energie gedehnt. Irgendwann besteht das Universum also nur noch aus einem schier unendlichen Feld aus gleichmäßig verteilter minimaler Energie, die sich gegenseitig nicht mehr beeinflussen kann. Die Entropie, also die Unordnung in unserem Universum, hört hier erstmalig auf, weiter zu wachsen, da es nicht möglich ist, eine noch größere Unordnung zu erzeugen.

In 12 Milliarden Lichtjahren Entfernung befindet sich die größte Wasserwolke im Universum. Sie verteilt sich mit einem Durchmesser von mehreren Hundert Lichtjahren um das schwarze Loch APM 08279+5255 und könnte die Ozeane unserer Erde 140 Billionen Mal füllen.

Forschende haben noch keine Vorstellung davon, was eines Tages mit dem Universum passieren wird. Drei Varianten werden besonders häufig diskutiert:

* Es dehnt sich weiterhin ewig aus. Das ist der sogenannte Big Freeze. Nichts wird jemals mehr passieren, Zeit wird bedeutungslos.
* Es beginnt nach einer langen Phase der Ausdehnung wieder zu schrumpfen beziehungsweise in sich zusammenzubrechen. Das ist der Big Crunch.
* Es reißt, wobei sich immer kleinere Strukturen bilden. Dieses Ende nennen die Wissenschaftler Big Rip.

Antworten darauf werden wir in der Erforschung der dunklen Energie/Materie finden. In einem Zeitrahmen $10^{10^{10^{56}}}$ Jahren könnte jedoch der Quantentunnel-Effekt möglicherweise in jedem bis dahin isolierten Bereich des Universums neue Inflationsereignisse mit neuen Urknallen erzeugen, die neue Universen entstehen lässt.

Unser krasses Sonnensystem

Acht Planeten plus der Zwergplanet Pluto kreisen um das Zentralgestirn unseres Sonnensystems. Dazu gibt es zahlreiche Asteroiden, die entweder in verschiedenen Gürteln angeordnet sind oder einsam ihren Weg durchs All beschreiten. Hier die spannendsten Fakten über einzelne Planeten, ihre Monde und unsere Sonne:

Bei der sogenannten Planetenparade sind zwischen drei und fünf der freiäugig sichtbaren Planeten unseres Sonnensystems – Merkur, Venus, Mars, Jupiter, Saturn – gleichzeitig am Himmel zu sehen. Während eine Planetenkonstellation mit drei Planeten fast jährlich vorkommt, tritt eine Viererkonstellation alle paar Jahre und eine Fünferkonstellation etwa alle 10 Jahre auf. Medial beworben werden häufig auch Paraden mit sechs Planeten, die jedoch meist nur vier der sichtbaren plus Uranus und Neptun enthalten. Die nächste echte Fünferparade wird am 28. Februar 2025 zu sehen sein. Wer ein gutes Fernglas hat, wird hier mit Uranus und Neptun sogar sieben Planeten am Nachthimmel beobachten können.

Der Asteroid Dinkinesh wird von zwei Monden umkreist, die einander berühren. Diese Entdeckung machte die Raumsonde *Lucy* auf ihrem Vorbeiflug Ende 2023. Es ist das erste Mal, dass zwei sich berührende Monde im Weltall gefunden wurden.

Der Stern Proxima Centauri ist der erdnächste Stern. Er befindet sich in einer Entfernung von 4,24 Lichtjahren.

Die Gesamtzahl der in der Milchstraße befindlichen Sterne wird auf 100 bis 400 Milliarden geschätzt.

Die von der Milchstraße aus gesehen nächstgelegene Galaxie ist die Andromeda-Galaxie. Beide Galaxien bewegen sich mit einer Geschwindigkeit von etwa 120 Kilometern in der Sekunde aufeinander zu. In etwa 3 bis 4 Milliarden Jahren werden Milchstraße und Andromeda-Galaxie daher miteinander verschmelzen und vermutlich eine elliptische oder eine Polarring-Galaxie bilden. Obwohl die Andromeda-Galaxie 1 Billion und die Milchstraße 200 Milliarden Sterne enthält, wird es bei diesem Crash zu keiner einzigen Sternenkollision kommen, da die Abstände einfach zu groß sind. Unser Sonnensystem wird allerdings mit einer Wahrscheinlichkeit von 12 Prozent ins Weltall hinausgeschleudert werden. Die Andromeda-Galaxie kann man übrigens bei guten Bedingungen mit bloßem Auge sehen. Sie ist damit das am weitesten von uns entfernte Objekt, das freiäugig sichtbar ist.

In 1000 Jahren wird der Stern Gamma Cephei den Polarstern am Nachthimmel ablösen und näher am Nordpol stehen.

Der Stern Beteigeuze ist rund 550 Lichtjahre von der Erde entfernt und der linke Schulterstern der Orion-Konstellation. Unsere Sonne würde eine halbe Milliarde Mal in ihn hineinpassen und er befindet sich als Roter Überriese im letzten Sternenstadium. Während manche Forscher seine Supernova erst in 1,5 Millionen Jahren für möglich halten, sehen andere bereits in den nächsten Jahrzehnten eine realistische Wahrscheinlichkeit. Beteigeuzes Supernova wäre mit der Helligkeit des Mondes sogar auch tagsüber sichtbar.

Seinen Schweif zieht ein Komet nicht etwa hinter sich her wie ein verglühender Asteroid in der Erdatmosphäre. Durch den Sonnenwind zeigt dieser stets von der Sonne weg.

So hoch könntest du auf jedem Planeten unseres Sonnensystems aufgrund der unterschiedlichen Gravitation aus dem Stand springen:

* Erde: 0,45 Meter
* Merkur: 1,2 Meter
* Venus: 0,51 Meter
* (Erd-)Mond: 2,7 Meter
* Mars: 1,2 Meter
* Jupiter: 0,18 Meter
* Saturn: 0,43 Meter
* Uranus: 0,51 Meter
* Neptun: 0,4 Meter
* Pluto (Zwergplanet): 7,25 Meter

Würdest du es auf den kleinsten Saturnmond Mimas schaffen, hättest du mit Sprüngen bis 70 Meter Höhe so richtig Spaß.

Saturn

Der Planet Saturn würde auf Wasser schwimmen. Vorausgesetzt, man würde ein Gewässer finden, das groß genug ist. Die Dichte des Gasplaneten beträgt 687, die von Wasser 997 Kilogramm pro Kubikmeter.

Die Ringe des Saturns werden in 100 Millionen Jahren verschwunden sein. Schon jetzt regnen die Eis- und Gesteinsbrocken der Ringe auf den Planeten.

Auf dem Nordpol des Saturns gibt es eine mysteriöse Struktur. Es handelt sich um ein gigantisches Sechseck aus Wolken mit nahezu perfekter Symmetrie.

Venus

Auf der Venus dauert ein Tag länger als ein Jahr. Für die Rotation um die eigene Achse benötigt sie 243 Tage, während die Umrundung der Sonne 225 Tage dauert.

Auf der Venus fühlt sich ein Windstoß an wie eine Welle im Wasser. Das liegt an ihrer ultradichten Atmosphäre.

Die Venus ist der einzige Planet, der sich in die andere Richtung dreht. Man vermutet, dass Asteroideneinschläge die Rotation immer weiter verlangsamt und schließlich umgekehrt haben.

Bisher funktionierte keiner der auf die Venus geschickten Roboter länger als 2 Stunden. Die längste Funktionszeit eines Roboters auf der Venusoberfläche betrug 110 Minuten (Venera 12). Danach fiel er wie alle anderen Roboter aufgrund der unwirtlichen Bedingungen aus.

Die Venus ist der heißeste Planet unseres Sonnensystems. Das liegt an ihrer dichten Atmosphäre und dem starken Treibhauseffekt, welcher die Oberfläche auf 464 Grad Celsius erwärmt. Ohne ihn läge die Oberflächentemperatur lediglich bei -46 Grad.

Merkur

Merkur ist der kleinste Planet unseres Sonnensystems.

Obwohl der Merkur 50 Millionen Kilometer näher an der Sonne ist als die Venus, ist er kälter. Das liegt an seiner fehlenden Atmosphäre, die gerade mal so hauchdünn ist wie die des Mondes.

Auf dem Merkur gibt es keine Jahreszeiten, da seine Rotationsachse nahezu gerade ist.

Der Merkur hat einen kometenähnlichen Schweif. Denn aufgrund seiner Nähe zur Sonne zieht der starke Sonnenwind seine Exosphäre zu einem 2,5 Millionen Kilometer langen Schweif auseinander, der aus gelb-orangenem Natriumgas besteht.

Uranus

Uranus ist mit einer Oberflächentemperatur von −224 Grad Celsius der kälteste Planet in unserem Sonnensystem.

Er besteht zu 82 Prozent aus Wasserstoff.

Uranus war der erste Planet, der 1781 mittels Teleskop entdeckt wurde. Merkur, Venus, Mars, Jupiter und Saturn waren damals wie heute hell genug, um sie mit bloßem Auge zu erkennen.

Uranus erhielt seinen Namen als einziger aus der griechischen Mythologie. Die Namen aller anderen Planeten entspringen der römischen Mythologie.

Er besitzt 28 Monde.

Neptun

Neptun ist mit einem Sonnenabstand von 4,5 Milliarden Kilometern der äußerste Planet unseres Sonnensystems.

Auf dem Neptun ist Leben, wie wir es kennen, in keiner Form möglich.

2011 vollendete der Neptun seinen ersten Umlauf um die Sonne seit seiner Entdeckung 1846.

Der Neptunmond Triton umkreist den Neptun als einziger Mond im Sonnensystem entgegen der Rotationsrichtung seines Planeten.

Triton ist als einer der wenigen Monde in unserem Sonnensystem geologisch aktiv. Er hat aktive Geysire.

Das Licht braucht von der Sonne etwa 4 Stunden, um Neptun zu erreichen.

Pluto

(ja, ich denke, es ist nur fair, ihn hier aufzuführen)

Seit Pluto am Rande unseres Sonnensystems entdeckt wurde – das war im Jahr 1930 –, hat er es noch nicht geschafft, sich einmal um die Sonne herum zu bewegen. Er benötigt nämlich für eine vollständige Umlaufbahn 248 Jahre.

Pluto ist kleiner als der (Erd-)Mond. Und sogar kleiner als Australien in Ost-West- oder Nord-Süd-Ausdehnung.

Plutos größter Mond Charon geht am Himmel weder auf noch unter, da Pluto und Charon sich permanent dieselbe Seite zuwenden. Dies ist der einzig bestätigte Fall einer doppelt gebundenen Rotation im Sonnensystem.

Durch seine ungewöhnlich exzentrische Umlaufbahn kommt Pluto der Sonne manchmal näher als Neptun.

Wenn Pluto der Sonne näherkommt, beginnt das Eis auf seiner Oberfläche zu verdampfen und bildet zeitweise eine Atmosphäre. Bewegt er sich wieder von der Sonne weg, gefriert diese wieder am Boden.

Jupiter

Jupiter ist der größte und schwerste Planet in unserem Sonnensystem und der von der Sonne aus gesehen fünfte Planet. Seine Masse ist zweieinhalbmal so groß wie die Masse aller anderen Planeten unseres Sonnensystems zusammen. Damit ist er der einzige Planet, dessen gemeinsamer Schwerpunkt mit der Sonne außerhalb der Sonnenoberfläche liegt.

Die Erde würde 1000-mal in den Jupiter hineinpassen.

Alle paar Jahre sorgen die Monde Ganymed, Europa und Callisto für eine Dreifachsonnenfinsternis auf dem Jupiter.

Jupiter besitzt wie der Saturn ein Ringsystem. Allerdings sind die Staubteilchen, von denen es gebildet wird, schwarz. Sie haben eine Albedo von 0,5. Das heißt, dass die Teilchen 95 Prozent des auftreffenden Sonnenlichtes verschlucken.

Jupiter hat das stärkste Magnetfeld aller Planeten im Sonnensystem.

Er hat 95 Monde.

Auf Jupiter und Saturn regnet es Diamanten. Dabei wandelt sich Kohlenstoff in der Atmosphäre zunächst in Graphit um und schließlich durch den enormen Druck und die hohen Temperaturen innerhalb der Atmosphäre in Diamanten. Besonders langlebig sind diese jedoch nicht. Sobald sie dem Kern des Planeten nah genug kommen, verflüssigen sie sich wieder.

Jupiter hat aufgrund seiner nahezu geraden Rotationsachse keine Jahreszeiten.

Die immense Schwerkraft des Jupiters schützt die Erde vor den meisten gefährlichen Asteroiden und Kometen.

Jupiter besitzt den größten Ozean im Sonnensystem, allerdings besteht dieser nicht aus Wasser, sondern aus Wasserstoff.

Hätte der Jupiter mehr Masse gehabt, wäre er zu einer zweiten Sonne geworden. Mit 13 Jupitermassen hätte in seinem Kern bereits eine Vorstufe der Kernfusion gezündet (Deuteriumfusion). Zu einer echten zweiten Sonne (Wasserstoffbrennen) wären 70 Jupitermassen notwendig gewesen.

Erde

Im Inneren unserer Erde befinden sich vermutlich die Reste eines zweiten Planeten, der einst mit der Erde kollidierte. Er heißt Theia.

Jeden Tag erreichen die Erde aus dem All 100 bis 300 Tonnen Materie. Das meiste davon ist kosmischer Staub.

Könntest du den Mittelpunkt der Erde tatsächlich erreichen, wärst du dort theoretisch schwerelos. Je tiefer man kommt, desto geringer wird die Erdanziehungskraft. Am Erdmittelpunkt wirkt die Anziehungskraft der Erde in alle Richtungen und hebt sich somit auf. Für einen Trip in die Schwerelosigkeit müsste man jetzt nur noch das Problem mit den Temperaturen von über 6000 Grad und dem enormen Druck von über 3,5 Millionen bar in den Griff bekommen.

Ohne Atmosphäre wäre unser Himmel schwarz. Für die Blaufärbung des Himmels sorgen die in der Luft vorhandenen Moleküle, die das Licht entsprechend brechen. Befinden sich besonders viele Aerosole in der Luft, wechselt die Himmelsfarbe von Blau zu Weiß. Morgen- und Abendrot entstehen durch den längeren Weg, den das Licht in der Atmosphäre zurücklegt. Dabei werden die Blautöne aus dem Licht herausgefiltert und uns erreicht hauptsächlich das energieärmere Rot.

Bakterien sind die ältesten lebenden Organismen auf der Erde. Sie existieren seit mehr als 3,5 Milliarden Jahren.

Das meiste Wasser auf der Erde befindet sich unter der Erde und nicht an der Oberfläche. In der Erdkruste ist bis zu sechsmal mehr Wasser verborgen als in den Ozeanen.

Würde man alle 8 Milliarden Menschen gleichmäßig auf der Landfläche der Erde verteilen, würde zwischen jedem Menschen ein Abstand von rund 147 Metern liegen.

Astat ist das seltenste natürlich vorkommende Element der Erde. Weltweit gibt es nur etwa 40 Gramm des radioaktiven Halogens.

Die Erdhülle – also Erdkruste, Hydrosphäre, Atmosphäre und Biosphäre – besteht zu 49 Prozent aus Sauerstoff.

Der metallische Erdkern rotiert um sich selbst. Allerdings verlangsamt oder beschleunigt sich die Geschwindigkeit der Rotation immer mal wieder. Aktuell ist er relativ zur Erde offenbar zum Stillstand gekommen und rotiert sogar in entgegengesetzte Richtung.

Das tiefste Loch, das Menschen in die Erde gebohrt haben, ist 12 262 Meter tief. Es handelt sich dabei um die Kola-Bohrung. Die Temperaturen am Ende des Bohrlochs betrugen um die 200 Grad Celsius. Forscher beschrieben die Schichten in dieser Tiefe wie eine kochend heiße Suppe, die man versucht auszulöffeln. Der Durchmesser der Bohrung betrug dabei nur 21,4 Zentimeter, war also nicht größer als ein normaler Teller.

Mit 12 262 Metern schaffte es die Kola-Bohrung gerade mal durch das erste Drittel der hauchdünnen Erdkruste.

Zahlreiche Tiere wie Vögel, Fische, Reptilien oder Insekten verfügen über einen Magnetsinn. Das heißt, *sie* orientieren sich am Magnetfeld der Erde. Der Magnetsinn wurde sogar bei Bakterien und Pflanzen nachgewiesen. Ob auch der Mensch einen derartigen Sinn besitzt, hält die Wissenschaft nach jüngsten Studien für möglich.

Der magnetische Pol der Erde bewegt sich von Norden in Richtung Süden. Pro Jahr legt er etwa 50 Kilometer zurück. Klassischen Berechnungen zufolge sollte in 200 000 und 300 000 Jahren wieder ein sogenannter Polsprung – also die Umkehr von magnetischem Nord- und Südpol – bevorstehen – möglicherweise aber auch viel früher.

Vor 42.000 Jahren sollen Nord- und Südpol das letzte Mal die Plätze getauscht haben. Die mit dem sogenannten Adams-Ereignis verbundene Abschwächung des Magnetfeldes auf zeitweise 0 Prozent führte zu einem Massenaussterben, unter anderem durch die erhöhte UV-Strahlung. Forschende vermuten, dass das weltweite Auftreten von Höhlenmalereien in dieser Zeit unter anderem damit zusammenhing, dass Menschen vor der erhöhten Strahlung Schutz suchten. Das Adams-Ereignis erstreckte sich über rund 800 Jahre. Mehr dazu findest du in meinem Buch *Du dachtest, du kennst die Welt …*

Unsere Meere sind nicht eben. Es gibt Stellen im Indischen Ozean, an denen der Wasserspiegel bis zu 100 Meter tiefer liegt als »Normalnull«, während andere Stellen im Meer, zum Beispiel bei Australien, bis zu 80 Meter höher liegen.

Würde man 12 Stunden am Tag mit einer Geschwindigkeit von 4 Stundenkilometern spazieren, hätte man nach 834 Tagen einmal die Erde umrundet.

Elemente

Wasser kann gleichzeitig fest, flüssig und gasförmig sein. Der sogenannte Tripelpunkt des Wassers wird bei 0,01 Grad Celsius und einem Druck von 6,11657 Millibar erreicht.

Die sogenannten seltenen Erden – bestimmte chemische Elemente in Form von Metallen – sind gar nicht so selten. Sie kommen in der Erdkruste sogar deutlich häufiger vor als zum Beispiel Gold oder Platin. Allerdings sind rentable Lagerstätten rar, was den Abbau kostspieliger macht. Seltene Erden werden vor allem in der Elektronikindustrie benötigt.

Hier eine Liste der 5 teuersten Materialen der Welt und der Preise, die du bezahlen musst, um 1 Gramm des jeweiligen Materials dein eigen nennen zu dürfen:

1. Antimaterie: bis zu 100 Billionen Euro
2. N@C60: bis zu 150 Millionen Euro
3. Californium 252: bis zu 21 Millionen Euro
4. Painit: bis zu 241 000 Euro
5. Diamanten: bis zu 52 000 Euro

Antimaterie wird auf der Erde in Teilchenbeschleunigern hergestellt. Einer der bekanntesten Beschleuniger, der CERN, befindet sich bei Genf in der Schweiz. Bei N@C60 handelt es sich um ein fußballartiges Fulleren-Molekül, dessen 60 Kohlenstoffatome eine besonders hohe Symmetrie aufweisen. Forschende erhoffen sich, damit kleinere Atomuhren oder noch präzisere GPS-Technik herstellen zu können. Californium 252 wird unter anderem eingesetzt, um Wassereinlagerungen und Feuchtigkeit in Ölquellen zu messen. Painit gilt als seltenster Edelstein der Welt, was ihn sogar noch wertvoller macht als Diamanten.

Welche Note hattest du in Geografie?

Die Ozeane der Erde bildeten sich durch einen Dauerregen, der 40 000 Jahre andauerte.

Die längste Landgrenze Frankreichs ist die zu Brasilien.

Wenn alles Eis auf der Erde schmilzt, steigt der Meeresspiegel um 65 bis 70 Meter.

Grünes und blaues Polarlicht wird von Sauerstoffatomen erzeugt. Blaues und violettes Polarlicht von Stickstoffatomen.

Der Gipfel des 6263 Meter hohen Chimborazo in Ecuador ist weiter vom Erdmittelpunkt entfernt als der 8848 Meter hohe Mount Everest.

Der entlegenste, am weitesten von Land entfernte Punkt der Erde ist der sogenannte Point Nemo. Er liegt im Pazifik und ist mindestens 2688 Kilometer von der nächsten Landfläche entfernt. Er wird als Friedhof für Raumschiffe genutzt.

Frankreich ist das am meisten von Touristen besuchte Land der Welt. Jedes Jahr kommen rund 90 Millionen Menschen aus dem Ausland dorthin. Das sind 22 Millionen Menschen mehr, als Frankreich Einwohner hat (68 Millionen). Auf Platz zwei der meistbesuchten Länder der Welt liegt Spanien.

Naturgewalten

Etwa 1500 bis 1900 Vulkane gelten weltweit als aktiv.

Der letzte Vulkanausbruch in Deutschland fand vor 11000 Jahren in der Eifel statt.

Europas einziger aktiver Festlandvulkan, der Vesuv, brach das letzte Mal 1944 aus. Wie verheerend seine Ausbrüche sein können, zeigt das Schicksal der Stadt Pompeji. 18 Stunden dauerte der Ausbruch des Vesuvs im Jahr 79. Wer nicht durch herabregnendes Gestein erschlagen wurde oder in den Aschewolken erstickte, starb in den Glutlawinen oder Schwefeldämpfen. 1500 Jahre lang war die Stadt unter einer 25 Meter hohen Schicht aus Asche und Bimsstein begraben, bevor sie wiederentdeckt wurde.

Die Drei-Millionen-Metropole Neapel ist die drittgrößte Stadt Italiens und liegt mitten auf einer riesigen Magma-Kammer, die nach Osten hin den nur 10 Kilometer entfernten Vesuv und im Westen die unmittelbar angrenzenden Phlegräischen Felder speist.

Der größte aktive Vulkan der Welt ist der Mauna Loa auf Hawaii. Es handelt sich um einen der fünf Vulkane, aus denen die Inselkette einst entstand. Durch den Kontinentaldrift werden in ferner Zukunft weitere entstehen.

Der höchste aktive Vulkan ist der Nevado Ojos del Salado in Chile mit 6893 Metern.

Beim Ausbruch des Kuwae im Pazifik im Jahr 1453 kam es durch die Verdunklung der Sonne zu einer Kältewelle, die sogar weite Teile des Gelben Meeres im Chinesischen Meer zufrieren ließ. Die Auswirkungen waren unter anderem in Form von Ernteausfällen auch in Europa zu spüren. Aus den Baumringen europäischer und chinesischer Bäume ließ sich in dieser Zeit ein verlangsamtes Wachstum für vier Jahre ablesen.

Das Jahr ohne Sommer 1816 wurde durch den Ausbruch des Tambora verursacht. Die globale Oberflächentemperatur sank um etwa 1 Grad Celsius. In Teilen Europas waren es bis zu 3 Grad Celsius.

Der stärkste jemals gemessene Vulkanausbruch war der des Unterwasservulkans Hunga Tonga-Hunga Ha'apai im Jahr 2022. Er hatte eine Stärke von VEI 6 und injizierte über 100 Megatonnen wärmenden Wasserdampf in die Stratosphäre.

Unter dem gigantischen Eisschild der Antarktis liegt wahrscheinlich das Gebiet mit der größten Vulkandichte der Erde. Forscher vermuten, dass die Vulkanaktivität durch das Schmelzen des dicken Eispanzers und den damit geringer werdenden Druck zunehmen könnte.

Es gibt weltweit 20 Supervulkane. Bei Ausbrüchen bilden sie keinen Vulkankegel, sondern einen Einbruchkessel, eine sogenannte Caldera. Ihre Ausbrüche fallen wesentlich größer aus als die von normalen Vulkanen.

Die meisten Erdbeben gibt es in China (363 seit 1900).

Das stärkste Erdbeben der Welt ereignete sich 1960 in Chile. Es hatte eine Stärke von 9,5. Die Flutwelle des ausgelösten Tsunamis war bis zu 25 Meter hoch. Das Valdavia-Erdbeben löste in der Folge bis zu fünf Vulkanausbrüche aus. Es wurde eine Energiemenge von 180 Gigatonnen TNT freigesetzt, die Erdachse verschob sich um 3 Zentimeter.

An der San-Andreas-Verwerfung unterhalb Kaliforniens treffen zwei tektonische Platten, die pazifische und die nordamerikanische Platte, aufeinander. Experten rechnen damit, dass es in der Region bis 2038 mit einer Wahrscheinlichkeit von 99,7 Prozent zu einem Erdbeben mit einer Stärke von mindesten 6,7 kommen wird. Davon betroffen werden unter anderem San Francisco und Los Angeles sein.

In Deutschland bebt die Erde mehrere Hundert Mal im Jahr. Allerdings selten so stark, dass wir es spüren können.

Tsunamis können sich im Meer mit 5000 Meter Tiefe mit Geschwindigkeiten von 800 Stundenkilometern ausbreiten. Von Wind erzeugte Wellen sind maximal 100 Stundenkilometer schnell.

Tsunamis können bis zu 20 000 Kilometer zurücklegen, ohne bemerkt zu werden. Ihre Energie ist so gewaltig, dass sie nach dem Auftreffen auf der Küste noch mehrere Kilometer tief ins Landesinnere vordringen können.

Die Tsunamis, die 2004 weite Küsten- und Landesteile im Indischen Ozean zerstörten, wurden von einen Unterseebeben der Stärke 9,1 ausgelöst. Zwischen dem Beben und den ersten Tsunamiwellen lagen gerade mal 20 Minuten.

Es gibt sogenannte Binnentsunamis, die sich in Seen ereignen. Sie können zum Beispiel durch Erdrutsche ausgelöst werden. 2014 war das in Island der Fall. Beim Abbruch einer Kraterwand entstanden im See Öskjuvatn 50 Meter hohe Tsunamis.

Das Auge eines Hurrikans kann 30 bis 60 Kilometer umfassen. Im Auge selbst ist es so gut wie windstill. Um das Auge herum rotieren bis zu 3,6 Millionen Tonnen Luft mit mindestens

180 Stundenkilometern. Über dem Meer können die Windgeschwindigkeiten über 300 Stundenkilometer betragen.

Die größte Zerstörungskraft entwickelt ein Hurrikan an der Grenze zwischen Auge und Luftwirbel.

Hurrikans haben in der Regel einen Gesamtdurchmesser von 500 Kilometern. Der bisher größte beobachtete Wirbelsturm, »Tip«, hatte einen Durchmesser von 2200 Kilometern.

1908 gab es in Sibirien das mysteriöse Tunguska-Ereignis. Dabei wurden auf einem Gebiet von 2000 Quadratkilometern 60 Millionen Bäume umgeknickt. Über 500 Kilometer weit wurde am Himmel ein Feuerschein gesehen. Außerdem stieg eine 20 Kilometer hohe, in ihrer Konsistenz nicht näher beschriebene Fontäne in den Himmel. Bis heute ist nicht eindeutig geklärt, was das Ereignis hervorgerufen hat. Am wahrscheinlichsten ist der Eintritt eines 30 bis 80 Meter großen Asteroiden, der in 5 bis 14 Kilometern Höhe über dem Boden explodierte.

Mond

Auf dem Mond der Erde gibt es 109 956 Krater, deren Durchmesser jeweils größer als 1 Kilometer ist.

Die NASA hat einen Plan vorgestellt, einen Mondkrater in ein riesiges Radioteleskop umzuwandeln. Damit ließen sich Radiowellen aus der Frühzeit des Universums messen, die auf der Erde nicht gemessen werden können.

Der Mond der Erde ist größer als der Planet Merkur.

Wäre die Erde so groß wie ein Fußball, hätte der Mond die Größe eines Tennisballs.

Ein Kubikmeter unserer Erde wiegt im Schnitt 5,5 Tonnen. Ein Kubikmeter Mond dagegen nur 3,3 Tonnen. Das ist vergleichbar mit der Dichte von Zement.

Bisher waren 12 Menschen auf dem Mond.

Auf der Tagseite des Mondes herrschen Temperaturen von bis 130 Grad Celsius. Auf der Nachtseite ist es mit −160 Grad Celsius bitterkalt.

Der Mond hat eine Atmosphäre, die aus Neon, Helium, Wasserstoff und Argon besteht. Sie ist jedoch so dünn, dass sie nicht einmal Schallwellen übertragen kann. Auf dem Mond herrscht daher absolute Stille.

Der Mond befindet sich in einer sogenannten gebundenen Rotation. Das bedeutet, er zeigt der Erde ständig dieselbe Seite.

Es gibt Wasser auf dem Mond. Es ist in kleinen glasartigen Körnern gebunden.

Als Neil Armstrong und Buzz Aldrin 1969 auf dem Mond landeten, herrschte auf der Mondoberfläche eine Temperatur von 93 Grad Celsius.

Auf dem Mond gibt es Silizium, aus dem Solarzellen für eine Mondbasis hergestellt werden könnten.

Vor 4,5 Milliarden Jahren war der Mond nur 26.000 Kilometer entfernt. Zur Zeit der Dinosaurier war er im Mittel 1000 Kilometer näher an der Erde als heute, wodurch es auch ein anderes Drehmoment gab. Die Tage vor 70 Millionen Jahren dauerten nur 23 Stunden und 31 Minuten. Das Jahr hatte entsprechend 372 Tage.

In 550 Millionen Jahren wird es auf der Erde keine totalen Sonnenfinsternisse mehr geben. Bis dahin hat sich der Mond zu weit von der Erde entfernt, um die Sonne vollständig abzudecken. Es gibt dann nur noch ringförmige Sonnenfinsternisse. Jedes Jahr entfernt sich der Mond um 3,8 Zentimeter von der Erde.

In einer Schlafstudie fanden Schweizer Forscher heraus, dass Menschen bei Vollmond 20 Minuten weniger schlafen als gewöhnlich und auch länger zum Einschlafen brauchen.

Es gibt Mondregenbögen, also Regenbögen, die vom Mondlicht verursacht werden. Sie sind mit dem menschlichen Auge nur schwer zu sehen und werden als grauweiße Lichtschleier wahrgenommen.

Das Phänomen, dass der Mond am Horizont größer erscheint, als wenn er über uns am Himmel steht, geht auf die sogenannte Ponzo-Illusion zurück.

Die scheinbare von der Erde aus betrachtete Größe des Mondes zwischen seiner nächsten und entferntesten Annäherung (Supermond/Minimond) entspricht etwa dem Unterschied zwischen einem 1-Euro- und einem 2-Euro-Stück.

2013 schlug ein 500 Kilogramm schwerer Meteorit auf dem Mond ein und erzeugte dabei einen achtsekündigen Lichtblitz, der von der Erde aus beobachtet werden konnte.

Mars

Auf dem Mars schneit es. Allerdings verdampfen die Schneeflocken, bevor sie den Boden erreichen können.

Früher gab es auf dem Mars genug Wasser, um seine gesamte Oberfläche mit einem weit über 100 Meter tiefen Ozean zu bedecken. Mittlerweile ist das Wasser meist in Mineralien und in die Planetenkruste eingebunden. Die in der Oberflächennähe des Mars entdeckten 5 Millionen Kubikkilometer Wassereis würden dennoch ausreichen, um den gesamten Planeten mit einer 35-Meter-Schicht zu bedecken.

Der Sonnenaufgang auf dem Mars ist blau, eine Folge der Lichtstreuung von aufgewirbelten Staubpartikeln in der Marsatmosphäre.

Der höchste Berg auf dem Mars ist der Olympus Mons. Er ist mit einer Höhe von 26 Kilometern der höchste Berg und gleichzeitig der höchste Vulkan in unserem Sonnensystem. Ein Aufstieg wäre theoretisch sehr einfach möglich, denn seine Steigung beträgt nur wenige Grad. Der Vulkan dehnt sich über eine Fläche der Größe Deutschlands aus.

Bilder der Raumsonde *ExoMars* lieferten jüngst den Nachweis, dass es auf dem Olympus Mons und seinen Nachbarvulkanen nächtlichen Frost gibt, der tagsüber wieder verdampft. Insgesamt zirkulieren hier etwa 150 000 Liter Wasser.

Aufgrund der großen räumlichen Entfernung zum Mars muss bereits die erste bemannte Mission eine dauerhafte Basis errichten. Das liegt zum einen an dem Reisefenster zwischen Mars und Erde, welches sich nur alle zwei Erdenjahre öffnet. Zum anderen fehlt dort jegliche Infrastruktur eine benutzte Rakete wieder für einen interplanetaren Rückflug fit zu machen. Für das Landen in der dünnen Marsatmosphäre wird unheimlich viel Energie verbraucht. Die Marsatmosphäre bremst Objekte nämlich nicht so stark ab wie die Erdatmosphäre. Die für den Start zum Rückflug benötigte Treibstoffmenge ist so groß, dass sie nicht mittransportiert werden kann. Sie müsste erst vor Ort auf dem Mars produziert werden.

Bei einer Sonnenfinsternis mit Marsmond Phobos sieht die Sonne aus wie ein Glubschauge. Phobos ist zu nah am Mars, um die Sonne vollständig zu bedecken.

Aufgrund seiner Nähe bewegt sich Phobos mit 2 Zentimetern pro Jahr in Richtung Marsoberfläche. In 50 Millionen Jahren wird er entweder auf den Mars stürzen oder vorher zerreißen und einen Ring um den roten Planeten bilden.

Sonne

Die Sonne vereint in sich 99,8 Prozent der Masse in unserem Sonnensystem.

Während die Oberfläche der Sonne »nur« 6000 Grad Celsius heiß ist, steigt die Temperatur in der sie umgebenden Korona auf mehr als 1 Million Grad Celsius an. Verantwortlich dafür könnten Schallwellen sein, welche als Energieträger fungieren. Das würde bedeuten, dass sich die Sonne durch den Lärm, den sie macht, oberhalb der Oberfläche zusätzlich aufheizt.

Wenn sich die Sonne in 5 bis 7 Milliarden Jahren in einen sogenannten Roten Riesen verwandelt, werden auf der Erdoberfläche Temperaturen von 1000 Grad Celsius erwartet. Die Oberfläche der Erde wird dann wieder aus flüssigem

Gestein bestehen. Möglicherweise wird die Erde auch ganz verschluckt oder durch den Impuls ins Weltall hinausgeschleudert.

In einer Milliarde Jahre wird es auf der Erde bereits zu heiß für Leben sein.

In 8 Milliarden Jahren wird unsere Sonne nur noch so groß wie die Erde sein. Das vorläufige Endstadium der Sonne nennt sich Weißer Zwerg und wäre von der Erde mit der Leuchtkraft eines nächtlichen Vollmonds sichtbar.

Die Sonne als Weißer Zwerg besteht aus entarteter Materie mit ultrahoher Dichte (jedoch nicht so dicht wie ein Neutronenstern) und gibt ihre verbleibende Wärme über weitere Milliarden Jahre ab, bis sie vollständig erlischt und als kalter Schwarzer Zwerg zurückbleibt.

Ein Photon benötigt bis zu 100 000 Jahre, um vom Zentrum der Sonne an die 690 000 Kilometer entfernte Sonnenoberfläche zu gelangen. Für die 149 597 870 Kilometer zur Erde benötigt das Photon anschließend lediglich 8 Minuten 20 Sekunden. Innerhalb der Sonne kollidiert das Photon nämlich aufgrund der immens hohen Dichte immer wieder mit anderen Teilchen und kommt daher nur so langsam voran.

Unsere Sonne hat ebenfalls einen Orbit. Sie kreist mit rund 225 Kilometern in der Sekunde um das Zentrum der Milchstraße. Dort befindet sich das schwarze Loch Sagittarius A*. Für eine komplette Umrundung der Milchstraße – das sogenannte galaktische Jahr – braucht die Sonne rund 225 Millionen Jahre. Seit ihrem Bestehen hat die Sonne die Milchstraße erst 20-mal umkreist.

Die pro Sekunde abgestrahlte Energiemenge der Sonne würde ausreichen, um die Erde 631000 Jahre mit Strom zu versorgen. Dabei wird die Sonne pro Sekunde 4 Millionen Tonnen leichter. Dies wird durch den Massedefekt bei der Kernfusion verursacht. Die 4 Millionen Tonnen entweichen dabei als Energie ins Weltall. Selbst am Ende ihrer Lebenszeit macht dieser Effekt nur einen winzigen Bruchteil ihrer Gesamtmasse aus.

Das Endstadium unserer Sonne ist kein Weißer Zwerg. Über mehrere Billionen Jahren wird dieser nämlich auskühlen und letztlich zu einem Schwarzen Zwerg werden.

Sonnenstürme

Die Masse einer Plasmawolke aus einem koronalen Massenausstoß (CME) kann etwa der Masse eines gesamten Bergmassivs entsprechen. Ein solcher Ausstoß besteht allerdings aus geladenen Teilchen wie Elektronen, Protonen und weiteren Atomkernen. Das ausgeworfene Plasma ist mit Geschwindigkeiten von etwa 1000 Kilometern pro Sekunde unterwegs.

Ein starker Sonnensturm ist nicht geeignet, einem lebenden Organismus auf der Erde direkten Schaden zuzufügen. Lediglich in ungeschützten Regionen wie auf der ISS, auf dem Mond oder Mars sind etwaige Ereignisse ein gesundheitlicher Risikofaktor.

Trifft ein Massenauswurf auf die Erde, entstehen durch die Wechselwirkung des Magnetfeldes mit den energiereichen Teilchen die bekannten Polarlichter. Allerdings können die Sonnenteilchen nicht nur bunte Farben in den Himmel zaubern, sondern auch erheblichen Schaden im Bereich der Telekommunikation auf der Erde anrichten und haben dies in der Vergangenheit auch getan.

1859 erlebten die Menschen den bisher stärksten wissenschaftlich beobachteten Sonnensturm. Ein koronaler Massenausbruch der geschätzten Stärke X42 war so heftig, dass sogar in Kuba, Rom oder auf Hawaii Polarlichter zu beobachten waren. Zudem wurde die weltweite Telegrafenkommunikation gestört. Die Telegrafenleitungen wurden teils so stark unter Spannung gesetzt, dass sich die Papierstreifen in den Empfängern durch Funken entzündeten. Forschende nehmen an, dass die Erde damals noch nicht einmal voll getroffen wurde.

1989 legten geomagnetische Stürme in Kanada eine ganze Reihe an Transformatoren lahm, sodass in der Region um Montreal für 9 Stunden der Strom ausfiel.

Die sogenannten Halloween-Stürme, die durch mehre Sonneneruptionen und damit verbundene koronale Massenauswürfe entstanden, waren mit X10 bis X17 so stark, dass es 2003 zum Ausfall von zahlreichen Satellitensystemen und Raumsonden kam. Astronauten suchten in besser abgeschirmten Bereichen der ISS nach Schutz vor der schädlichen Partikelstrahlung, Flugzeuge umflogen panisch die Polarregionen. Die ankommende Plasmawolke pumpte 3 Terawatt Energie in die obere Erdatmosphäre.

Die Raumsonde *Voyager 2* konnte die Auswirkungen der Sonneneruption sogar noch in den Tiefen des Sonnensystems, in einer Entfernung von 7 Milliarden Kilometern, messen. Allerdings erst im April des Jahres Jahr 2004.

Auf den Planeten Jupiter, Saturn, Uranus, Neptun und Mars wurde ebenfalls bereits Polarlicht beobachtet.

Forschende spekulieren, ob die Sonne in der Lage ist, sogenannte Super-Flares zu erzeugen. Diese liegen in ihrer Intensität um mehrere Größenordnungen über bisher beobachteten Sonneneruptionen. Dagegen spricht allerdings die Stärke des Magnetfeldes der Sonne. Wäre es stärker, hätten wir womöglich bereits Super-Flares erlebt.

2024 kam es zu einem außergewöhnlich starken Sonnensturm, der Polarlichter bis weit nach Österreich und Norditalien verursachte. Es war der stärkste seit 1989. Auch in Deutschland waren die Polarlichter vielerorts gut zu sehen. Es dürfte sich aufgrund der großen Popularität in den Medien um den am besten beobachteten Sonnensturm aller Zeiten gehandelt haben.

Verantwortlich für den koronalen Massenauswurf 2024 war die Sonnenfleckregion AR3664. Sie war 15-mal so groß wie die Erde. Mit einer Brille, wie man sie zur Beobachtung von Sonnenfinsternissen benutzt, konnte man die Region sogar mit bloßem Auge sehen.

Grüße aus den Weiten des Weltalls: Sternschnuppen und Co.

Sternschnuppen müssen nur zwischen 1 und 10 Millimeter groß sein, damit wir sie sehen können. Sie leuchten immer dann am Himmel, wenn die Erde eine von Kometen hinterlassene Staubwolke durchfliegt. Wenn eine Sternschnuppe so groß ist, dass sie auf dem Erdboden einschlägt, handelt es sich um einen Meteoriten. Asteroiden sind die Mutterkörper von Meteoriten und bewegen sich auf Keplerschen Umlaufbahnen um die Sonne. Hier kommen noch weitere Fakten über die gefährlichen, aber superschönen Brocken:

Das Licht einer Sternschnuppe stammt nicht davon, dass Gestein heiß wird und glüht. Verantwortlich für die Lichtstrahlung ist das sogenannte Rekombinationsleuchten.

Der bisher größte Meteorit, der nachweislich auf der Erde einschlug, war größer als 20 Kilometer. In Südafrika befindet sich mit dem 300 Kilometer großen Vredefort-Krater der dazugehörige Einschlagkrater, der auf die Größe des Meteoriten schließen ließ. Als dieser vor rund 2 Milliarden Jahren auf die Erde traf, tummelten sich im Meer gerade mal Einzeller und erstes mikrobielles Leben eroberte das Land.

Der Meteorit Chicxulub, der vor 65 Millionen Jahren auf der Erde einschlug und als Auslöser des Massensterbens der Dinosaurier gilt, war schätzungsweise 10 Kilometer groß. Die Energie, die damals freigesetzt wurde, entspricht 2 Millionen Stück der bisher größten von Menschen gebauten Atombombe, der sogenannten ZAR-Bombe mit einer Sprengkraft von 50 Megatonnen TNT. Solltest du regelmäßig meine Wissenschaftsrückblicke schauen, hast du vielleicht schon mitbekommen, dass die Deniliquin-Struktur in Australien ein möglicherweise noch größerer Einschlagkrater sein könnte. Er misst unglaubliche 520 Kilometer im Durchmesser und sein Alter wird auf etwa 400 bis 500 Millionen Jahre geschätzt. Die Forschungen dazu dauern an.

2016 wurde erstmals offiziell ein Mensch durch einen Meteoriteneinschlag getötet. Drei weitere wurden verletzt. Der Vorfall ereignete sich in Indien.

Bei der berühmten Meteoritenexplosion in Tscheljabinsk im Jahr 2013 wurden rund 1500 Menschen verletzt. Die meisten durch splitterndes Fensterglas.

2022 gelang es der NASA erstmals, die Umlaufbahn eines erdnahen Asteroiden umzulenken. Die sogenannte DART-Mission war ein Test, um herauszufinden, ob und wie sich die Erde in Zukunft vor Asteroiden schützen kann.

Der Wert des Metall-Asteroiden (16) Psyche wird aufgrund der dort vorhandenen Rohstoffe auf 10 Trillionen Dollar geschätzt.

Sowohl die Öffentlichkeit als auch die Wissenschaft interessierten sich nie sonderlich für Asteroiden, bis 1993 plötzlich der Komet Shoemaker Levy 9 mit gigantischer Wucht in den Jupiter einschlug.

Allein im Asteroiden-Hauptgürtel befinden sich über eine Million Asteroiden mit über 1 Kilometer Durchmesser.

Dass es vor allem bei den kleineren Asteroiden noch große Beobachtungslücken gibt, zeigen Fälle wie der des 230 Meter großen 2024 MK, der am 29. Juni 2024 nur wenige Tage nach seiner erstmaligen Entdeckung in nur einer dreiviertel Mondentfernung an der Erde vorbeiflog.

2029 wird der 350 Meter große Asteroid Apophis in einem Abstand von nur 31 750 Kilometern an der Erde vorbeifliegen und mit bloßem Auge sichtbar sein. Zu Beginn seiner Entdeckung rechnete man zweitweise mit einer Einschlagswahrscheinlichkeit von 2,7 Prozent.

Der für uns aktuell gefährlichste Asteroid ist 1950 DA. Zwar ist seine errechnete Einschlagswahrscheinlichkeit von 0,038 Prozent im Jahr 2880 relativ gering, die erwarteten Einschlagsschäden mit seinen 1,3 Kilometern Durchmesser sind aber ziemlich groß (–0,93 auf der Palermo-Skala). Direkt dahinter kommt der 580 Meter große Asteroid Bennu in den Jahren 2178 bis 2290 mit einer Einschlagswahrscheinlichkeit von 0,057 Prozent (Palermo-Skala: –1,5).

Der Asteroid, der die Erde aktuell am wahrscheinlichsten treffen wird, ist 2010 RF12. In den Jahren 2095 bis 2122 wird er die Erde erreichen. Seine Einschlagswahrscheinlichkeit liegt bei satten 10 Prozent. Allerdings ist er nur 7 Meter groß (Palermo-Skala: 2,98).

In unserem Sonnensystem werden bis zu eine Billion Kometen vermutet. Davon kennen wir gerade mal 3959 (Stand August 2024). Auf der folgenden Webseite kannst du nachschauen, ob in der Zwischenzeit weitere entdeckt wurden:
https://neo.ssa.esa.int/search-for-comets

Die meisten Kometen befinden sich jenseits des Neptuns im Kupiergürtel sowie in der Oortschen Wolke und sind damit außer Reichweite.

Schwarze Löcher: Schwergewichte im Weltall

„Schwarze Löcher gehören zu den faszinierendsten Objekten im All. Sie sind so massereich, dass ihnen nicht einmal das Licht entkommt. Außerdem krümmen sie Raum und Zeit. Das bisher größte entdeckte schwarze Loch befindet sich im Phoenix-Cluster, einem unvorstellbar großen Galaxienhaufen, und wird Phoenix A genannt. Dieses schwarze Loch besitzt 100 Milliarden Mal mehr Masse als unsere Sonne. Damit liegt seine Masse sogar über der Gesamtmasse von bekannten Galaxien wie zum Beispiel der Dreiecksgalaxie. Der Ereignishorizont des schwarzen Lochs, also jene Einflussgrenze, von der aus nichts mehr einem schwarzen Loch entkommen kann, ist 590 Milliarden Kilometer groß, also etwa hundertmal so groß wie unser Sonnensystem. Sollte dein Kopf beim Versuch, dir Phoenix A vorzustellen, nicht gerade geplatzt sein, findest du hier noch mehr Fakten über die Schwergewichte im Weltall:“

Für das erste Foto eines schwarzen Lochs aus der Galaxie M87 aus dem Jahr 2019 waren acht Teleskope auf der Erde zum »Event Horizon Telescope« zusammengeschaltet.

Ein schwarzes Loch mit einem Durchmesser von 1 Millimeter wäre bereits imstande, die Erde zu zerstören, obwohl es anfangs »nur« rund 10 Prozent der Erdmasse hätte. Diese Masse würde jedoch ausreichen, um einen Einflussbereich auf rund ein Drittel des Erdradius auszuüben und eine unheilvolle Kette physikalischer Vorgänge in Gang zu setzen, an deren Ende die Erde vom schwarzen Loch verschlungen würde. Das Ganze würde wahrscheinlich nur ein paar Stunden dauern. Theoretisch können solche winzigen schwarzen Löcher im Universum tatsächlich existieren. Ihrer Natur nach dürften sie aber nahezu unmöglich zu beobachten sein.

Die Verformung eines Objekts, das einem schwarzen Loch zu nah kommt und schließlich von seiner Gravitation angezogen wird, nennt man Spaghettisierung. Objekte, die mit schwarzen Löchern verschmelzen, werden nämlich nach und nach in die Länge gezogen, bis sie schließlich wie eine Spaghetti aussehen.

Zwar kann einem schwarzen Loch nichts und nicht einmal Licht entkommen. Allerdings emittieren schwarze Löcher in der Theorie eine Strahlung, die sogenannte Hawking-

Strahlung, die dazu führt, dass das schwarze Loch kontinuierlich Energie und damit Masse verliert, bis es in ultraweit entfernter Zukunft schließlich zerstrahlt. Auch diese Theorie wird wohl niemals nachgewiesen werden können.

In der Nähe eines schwarzen Loches vergeht die Zeit langsamer als in weiter Entfernung. Innerhalb des Ereignishorizonts bleibt die Zeit dann relativ zu einem Beobachter von außerhalb gänzlich stehen.

Im Zentrum eines schwarzen Lochs befindet sich die Singularität, ein Punkt unendlicher Dichte und unvorstellbar starker Gravitation, an dem die Gesetze der Physik, wie wir sie kennen, nicht mehr gelten. Es wird wohl niemals möglich sein herauszufinden, was sich dort verbirgt.

Wenn zwei schwarze Löcher miteinander verschmelzen, entstehen dabei Gravitationswellen. Dabei handelt es sich um Wellen in der Raumzeit – wie auf einer Wasseroberfläche –, die sich mit Lichtgeschwindigkeit bewegen. Gravitationswellen dehnen und stauchen den Raum, sodass sich die Abstände zwischen Objekten im Raum verändern. 2015 wurden Gravitationswellen erstmals nachgewiesen.

Gaia BH1 gilt als das schwarze Loch, das der Erde am nächsten liegt. Es befindet sich in einer Entfernung von rund 1560 Lichtjahren im Sternbild Schlangenträger. Zum Vergleich: Das schwarze Loch in der Mitte unserer Milchstraße ist 27 000 Lichtjahre von der Erde entfernt.

Das schwarze Loch in der Mitte der Milchstraße wird Sagittarius A* genannt. Es zählt zu den supermassereichen schwarzen Löchern und hat ein Gewicht von etwa 4 Millionen Sonnenmassen.

Astronomen spekulieren seit Langem über die Existenz von sogenannten weißen Löchern, die in ihrer Funktionsweise dem schwarzen Loch exakt entgegenstehen und Materie nicht einsaugen, sondern ausspucken. Einziges Problem? Ihrer Natur nach müssten weiße Löcher aufgrund ihrer Leuchtkraft extrem einfach zu erkennen sein.

Der Gammastrahlenausbruch GRB 060614 wurde lange Zeit für ein mögliches weißes Loch gehalten.

Weltraumreisen

Bis zum Mond ist der Mensch bereits gekommen. Und in den Raumstationen ISS und Tiangong wird an der Zukunft der Menschheit geforscht. Werden wir eines Tages wirklich wie selbstverständlich durchs All reisen können? Fakten zu vergangenen und künftigen Weltraumreisen der Menschheit:

Die beiden Hündinnen Belka und Strelka waren neben Mäusen und Insekten die ersten Lebewesen, die im Jahr 1960 einen Weltraumflug überlebten und sicher auf die Erde zurückkamen.

Astronauten im Weltall sind anfälliger für Infekte, da ihr Immunsystem nicht mehr richtig funktioniert. Die Leukozyten können in der Schwerelosigkeit Erreger nicht mehr so gut identifizieren und bekämpfen.

Der Amerikaner Dawid W. Jensen hat einen Plan entwickelt, wie sich innerhalb von zwölf Jahren aus einem Asteroiden eine Raumstation bauen lässt. Dafür werden eine Basisstation und vier Spinnenroboter auf den Asteroiden geschickt. Die vier Roboter würden sich anschließend selbst replizieren und ein Heer von 3000 Spinnenrobotern erschaffen, das den Asteroiden ohne Intervention von außen in eine Weltraumbasis verwandelt, auf der Menschen leben könnten. *Ich bin ehrlich, ich wollte diesen Fakt eigentlich wieder streichen, da er wirklich zu absurd klingt … da ich aber beim Lesen immer wieder Lachen musste, habe ich ihn dringelassen.*

Das Hubble-Teleskop, das unter anderem den am weitesten von uns entfernten Stern im Universum, Earendel, entdeckt hat, ist nur 13 Meter lang und hat einen Durchmesser von nur 4 Metern. Es kann außerdem im All repariert und gewartet werden. Fünf solcher Servicemissionen, bei denen ein Space Shuttle Astronauten zum Teleskop transportierte, wurden schon durchgeführt.

Ameisen versuchen, die Schwerelosigkeit im Weltall zu umgehen, indem sie sich bei der Fortbewegung aneinander festhalten.

Fische haben im Weltall Orientierungsprobleme. Eine Gruppe von Zebrafischen, die 2024 an Bord der chinesischen Raumstation Tiangong gebracht wurde, schwimmt auffällig oft rückwärts oder in Drehbewegungen. Die Fische wissen offensichtlich nicht mehr, wo oben und unten ist.

Mit den bisher erreichten Geschwindigkeiten würde eine Reise zu unserem Nachbarstern Proxima Centauri etwa 40 000 bis 70 000 Jahre dauern.

Es ist bereits mit heutiger Technik möglich, Bruchteile der Lichtgeschwindigkeit zu erreichen. Das Projekt »Orion« verfolgte um 1960 die Idee, ein Raumschiff durch die kontinuierliche Detonation von Atombomben anzutreiben. Das Vorhaben wurde jedoch aufgrund von Umweltbedenken nicht weiterverfolgt. So ließen sich möglicherweise 10 Prozent der Lichtgeschwindigkeit erreichen.

Die Reise zu einem weit entfernten Objekt wie der 2,5 Millionen Lichtjahre entfernten Andromedagalaxie ist nach den Naturgesetzen durchaus innerhalb der Lebensspanne eines Menschen möglich. Hierfür muss er lediglich nahe der Lichtgeschwindigkeit reisen. Problematisch ist bei der anschließenden Rückkehr aber, dass für den Reisenden nur ein paar Jahrzehnte, für die Menschen auf der Erde allerdings 5 Millionen Jahre vergangen sind.

Es wird wohl auch in ferner Zukunft keine Möglichkeit geben, Menschen zu teleportieren. In meinem Buch *Du dachtest, du kennst die Welt …* gibt es ein komplettes Kapitel dazu – hochinteressant.

Die geniale Technik von Raumanzügen

Ohne Raumanzug wäre ein Mensch im Weltall nach Sekunden bewusstlos. Höchstwahrscheinlich würde die Körpertemperatur das Blut aufgrund des geringen Drucks zum Kochen bringen. Es käme zu Thromben und Embolien. Der Kreislauf würde zusammenbrechen. Luft anhalten wäre in diesem Fall keine gute Idee, denn die eingeschlossene Luft würde sich im Körper ausdehnen, wodurch zum Beispiel die Lunge, das Trommelfell und die Augen platzen würden. Ein verbreiteter Irrtum ist, dass Menschen im All schockgefrostet werden. Das würde so jedoch nicht passieren, da das Auskühlen des Körpers sehr viel länger dauert. Da der Weltraum sehr wenige Teilchen enthält, wird deine Körpertemperatur nicht so schnell an die Umgebung abgeleitet, da es keine Teilchen gibt, die die Wärmeenergie aufnehmen können. Bevor du erfrierst, wirst du eher von der Sonne verbrannt, da der Schutz vor der kosmischen Strahlung wegfällt. Die NASA schätzt, dass der Tod im All erst nach maximal 80 Sekunden eintritt. Ein Glück also, dass es Raumanzüge gibt. Hier einige spannende technische Features:

Das installierte Kühlsystem in einem Raumanzug kann Temperaturen von –100 bis +150 Grad Celsius regulieren.

Damit sich ein Raumanzug im Vakuum nicht aufbläht, wird der Druck im Raumanzug auf 0,29 bar gesenkt. In dem Anzug herrscht eine reine Sauerstoffatmosphäre. Zum Vergleich: Der atmosphärische Druck an der Erdoberfläche liegt bei etwa 1 bar bei einem Sauerstoffanteil von 21 Prozent.

Bevor Astronauten der ISS in ihren Raumanzug schlüpfen, müssen sie über mehrere Stunden reinen Sauerstoff einatmen. Tun sie das nicht, könnte die Umstellung auf die niedrigeren Druckverhältnisse und auf die reine Sauerstoffatmosphäre im Anzug eine Dekompressionskrankheit – auch als Taucherkrankheit bekannt – auslösen.

Das primäre Lebenserhaltungssystem des Anzugs filtert permanent das ausgeatmete CO_2 aus dem Anzug.

**In die Anzüge ist eine Windel eingebaut.
Sie kann bis zu 2 Liter aufsaugen.**

Die Höchstdauer eines Weltraumspaziergangs ist auf 7 Stunden festgelegt. 1992 arbeiteten die Astronauten Pierre Thuot, Rick Hieb und Tom Akers jedoch insgesamt 8 Stunden und 29 Minuten an der Reparatur eines Satelliten. Die Anzüge halten also noch mehr aus.

Raumanzüge verfügen über ein Rettungssystem, falls ein Astronaut die physische Verbindung zur ISS verlieren sollte. Es handelt sich dabei um ein Rucksacksystem mit Stickstoffdruckpatronen. Mit einem Handkontrollgerät können so kleine Stoßimpulse ausgelöst werden, die den Astronauten wieder Richtung Raumstation bringen.

*Auf der Erde würde ein Raumanzug
140 Kilogramm wiegen.*

Die neuen Raumanzüge für die Artemis-Mondmission, mit der in den kommenden Jahren erstmals seit 1972 wieder Menschen auf den Mond geschickt werden, stellen die erste signifikante Weiterentwicklung bestehender Raumanzüge dar. In ihnen sollen sich die Astronauten noch besser bewegen und auch besser sehen können. Die Entwicklung ist jedoch so aufwendig, dass sie dazu beigetragen haben, den ursprünglichen Zeitplan – eigentlich sollte Artemis im Jahr 2025 starten – durcheinanderzubringen.

Ach ja, wenn sie nicht gerade in Raumanzügen stecken, können Astronauten zumindest an Bord der ISS modisch nicht sehr wählerisch sein. Die Weltraumfahrer auf der Raumstation tragen zum Beispiel eine Woche lang dieselben Socken. Ihr T-Shirt müssen sie sogar einen ganzen Monat lang tragen.

Wasser aus Urin und Schweiß – Recycling auf der Raumstation

Astronauten an Bord der ISS trinken Urin und Schweiß. Theoretisch. Denn beide Körperflüssigkeiten werden tatsächlich vom sogenannten Umweltkontroll- und Lebenserhaltungssystem ECLSS (Environmental Control and Life Support System) wieder aufbereitet. Wie das System arbeitet und was es leistet:

98 Prozent des Wassers, das die Astronauten an Bord verbrauchen, wird vom ECLSS recycelt. Das System ist eines der fortschrittlichsten Wasseraufbereitungssysteme der Welt.

Im ECLSS gibt es eine Urin-Prozessor-Baugruppe, in der durch Destillationsprozesse Trinkwasser gewonnen werden kann, und einen sehr leistungsfähigen Entfeuchter, der den Schweiß der Astronauten und die Feuchtigkeit aus der Atemluft aufbereitet.

Das Wasser, das im ECLSS gewonnen wird, ist sauberer als das auf der Erde. Aus diesem Grund müssen auch nicht ständig riesige Wassertransporte Richtung ISS geschickt werden.

Das ECLSS trägt dazu bei, dass es an Bord der ISS mit bis zu über 70 Dezibel ungefähr so laut ist wie in einem Großraumbüro.

Die Astronauten der Apollo-Missionen entleerten sich innerhalb ihres Anzugs in eine Gummitasche, welche später über das Landemodul in die Umgebung gepustet wurde.

Es gibt eine exakte Auflistung über sämtliche großen Geschäfte, die auf den Apollo-Missionen verrichtet wurden. Der kleinste »Haufen« war 3,3 Gramm schwer (Apollo 12), der größte 385 Gramm (Apollo 9).

Viele Astronauten nahmen auf ihrer Reise zum Mond Verstopfungstabletten, um nicht aufs Klo gehen zu müssen.

Für das große Geschäft auf der Apollo musste man sich in der etwa Mercedes-Vito-großen Raumkapsel in Anwesenheit der anderen einen Plastikbeutel an den Hintern halten. Die Astronauten beschrieben die Öffnung im Raumanzug dafür einstimmig als viel zu klein.

Auf der Apollo-10-Mission traf einer der Astronauten diesen Plastikbeutel offenbar nicht, denn ein Fäkalhaufen flog quer durch das Raumschiff. Jeder wies die Schuld von sich. Bis heute ist der Vorfall nicht geklärt. Der erste, der es laut Chatprotokoll bemerkte, war Kommandant Tom Stafford.

Apollo-8-Astronaut Frank Bormann bekam kurz nach dem Start in Richtung Mond Durchfall.

(Hier eine kurze Schweigeminute für diesen Vorfall …)

Was im Weltall auf dem Speiseplan steht

Essen im Weltall: Lecker oder nicht? Die Schwerelosigkeit im All macht das Essen in jedem Fall nicht nur zu einer koordinativen Herausforderung – Herr Ober, meine Soße fliegt mir von der Kartoffel!! –, sondern auch zu einer körperlichen, da unser Geschmackssinn im Weltall anders funktioniert als auf der Erde:

Als Astronaut musst du mehr Kalorien als auf der Erde zu dir nehmen, um dem Abbau von Muskel- und Knochenmasse entgegenzuwirken. Die Schwerelosigkeit verlangsamt außerdem deine Verdauung. Dadurch erhöht sich das Risiko von Übelkeit und Erbrechen.

Astronauten werden im All schneller satt. Es wird vermutet, dass die Verteilung der inneren Organe in der Schwerelosigkeit dafür verantwortlich ist. Die inneren Organe werden nicht mehr von der Schwerkraft nach unten gedrückt, sondern wandern nach oben, sodass man sich schneller voll fühlt.

2015 aß die Besatzung der ISS erstmals einen im Weltraum gewachsenen roten Römersalat.

In der Schwerelosigkeit kannst du übrigens leider nicht rülpsen. Die Luft im Bauch und dein flüssiger Mageninhalt können sich in der Schwerelosigkeit nicht voneinander trennen. Sie bilden einen schaumigen Brei.

Tubennahrung für Astronauten war übrigens gestern. Heute kümmern sich Spitzenköche um die Gerichte und kochen sie vor. Anschließend werden die Speisen gefriergetrocknet und ins All gebracht. Fürs Weltraumkochen gelten folgende Regeln:

- Die Mahlzeiten sollen besonders kalziumreich sein, damit die Knochen optimal versorgt werden.
- Die Zutaten sollen nicht blähen.
- Nicht mit Gewürzen sparen. Geschmacksnerven sind im All nicht so empfindlich wie auf der Erde.
- Soßen im Essen müssen immer zu einem dicken Brei verarbeitet sein.
- Salz auf ein Minimum reduzieren, da Natrium in der Schwerelosigkeit den Knochenschwund begünstigt. Natrium bringt nämlich das Säuregleichgewicht im Körper durcheinander und wirkt dadurch negativ auf den Knochenstoffwechsel.

* Gewürze wie zum Beispiel Salz und Pfeffer werden immer verflüssigt.
* Brot steht wegen Krümelgefahr ebenfalls nicht auf dem Speiseplan. Stattdessen essen Astronauten eine krümelfreie Tortilla-Variante.
* Auf der Speisekarte der ISS stehen 100 Gerichte zur Auswahl, aus denen sich die Astronauten ihren persönlichen Speiseplan zusammenstellen können. Es gibt drei Mahlzeiten am Tag und Snacks für zwischendurch, die immer gegessen werden können.
* An Bord der ISS gibt es eine Espressomaschine, die sogenannte ISSpresso, welche die Astronauten mit Kaffee, Tee und anderen Heißgetränken versorgt.
* Mit jedem Versorgungsfrachter kommt in der Regel auch frisches Obst wie Äpfel oder gar Weintrauben an Bord der ISS.
* Flüssigkeiten befinden sich in geschlossenen Behältnissen. Zum Trinken benutzen Astronauten Strohhalme, damit keine Flüssigkeit verloren geht.

Gibt es Leben im Weltraum?

> Sind wir Menschen allein im Universum? Oder nur eine von vielen Zivilisationen? Mit dieser Frage beschäftigen wir uns, seit wir in die Tiefen des Alls schauen:

Die erste weltweit bekannt gewordene UFO-Sichtung fand am 24. Juni 1947 statt. Der amerikanische Geschäftsmann Kenneth Arnold hatte über dem Mount Rainier neun in der Sonne glitzernde Objekte gesehen, die in einer Staffelformation wie "über Wasser springende Untertassen" an ihm vorbeigerast seien. Der Mythos der „fliegenden Untertassen“ war damit geboren.

1977 zeichnete der Astrophysiker Jerry R. Ehman ein Radiosignal auf, das aus Richtung des Sternbilds Schütze zu uns auf die Erde kam. Das Wow!-Signal gilt bis heute als aussichtsreichster Kandidat für eine Botschaft Außerirdischer.

Der Astronom Alberto Caballero fand 2020 in der Region, aus der das Wow!-Signal stammt, einen Stern, der unserer Sonne sehr ähnlich ist. Seitdem suchen Forschende speziell in dieser Region nach möglichen Exoplaneten, also Planeten, auf denen theoretisch Leben möglich ist.

Auf der Erde ist kein Leben ohne Wasser möglich. Keine der bisher entdeckten Lebensformen kommt ohne Wasser aus. Es gibt jedoch Überlegungen, dass auf anderen Planeten Methan die Quelle des Lebens sein könnte und Kohlenstoff durch Silizium ersetzt wird, da auch Silizium in der Lage ist, besonders komplexe Molekülstrukturen zu bilden. Im Auge haben die Wissenschaftler hier besonders den Saturnmond Titan. 2028 plant die NASA, die Dragonfly-Sonde Richtung Saturn zu schicken, unter anderem, um herauszufinden, ob es auf Titan Lebensformen gibt, die sich möglicherweise sogar fundamental von denen der Erde unterscheiden.

Das SETI-Institut koordiniert seit den 1970er-Jahren die weltweite Suche nach außerirdischem Leben. Mittlerweile werden die riesigen erfassten Datenmengen mittels KI verarbeitet. 2023 wurden von SETI acht potenzielle Aliensignale entdeckt, die nun weiterverfolgt werden.

Es gibt die Theorien, dass sich das Leben aus der unbelebten Ursuppe entwickelt hat (Abiogenese) oder dass die entscheidenden Bausteine dafür durch Asteroiden aus dem Weltall hergebracht wurden (Panspermie).

Bisher wurden im Universum außerhalb unseres Sonnensystems mehr als 6600 Exoplaneten identifiziert. So wird zum Beispiel

der erdnächste Stern Proxima Centauri vom Exoplaneten Proxima b umkreist, der sich in der habitablen Zone seiner Sonne befindet. Auf ihm könnte es also Wasser geben.

Forscher versuchen anhand von mit Teleskopen eingefangenen Lichtfrequenzen zu entschlüsseln, ob es auf fernen Planeten Leben gibt. Das Licht, das ein Planet abstrahlt, lässt nämlich Rückschlüsse auf die Zusammensetzung seiner Atmosphäre und Oberfläche zu.

Es gibt Planeten, die vollständig von Wasser bedeckt sind und über eine wasserreiche Atmosphäre verfügen. Sie werden als hyzänische Planeten bezeichnet. Um einen solchen handelt es sich vermutlich auch beim Planeten K2-18b. 2023 wurde in seiner Atmosphäre Dimethylsulfid entdeckt. Auf der Erde wird dieser Stoff durch biologische Prozesse produziert. Es könnte sich dabei also um den ersten indirekten Beweis für außerirdisches Leben handeln.

Die meisten Ufo-Meldungen lassen sich derzeit mit Elon Musks Starlink-Satellitensystem erklären. Auf Platz zwei und drei der Erklärungen finden sich Planeten wie Venus und Jupiter, die gerade besonders hell am Himmel zu sehen sind.

KI-Forscher glauben, dass nicht der Mensch die Krone der Schöpfung ist, sondern nur der Wegbereiter der Biologie hin zur Technologie. Darauf zielt auch das kopernikanische Prinzip ab, das besagt, dass wir Menschen keine Ausnahme im Kosmos sind.

Wenn es bereits irgendwo hochentwickelte außerirdische Lebensformen gäbe, die in der Lage wären, Galaxien zu kolonialisieren, müssten sie ja eigentlich längst irgendwo im Universum sichtbar sein. Aber dies ist offensichtlich nicht der Fall. Dieses Problem ist als Fermi-Paradoxon bekannt und basiert auf Überlegungen des Nobelpreisträgers Enrico Fermi.

Die Großer-Filter-Theorie besagt, dass die Entwicklung von Leben auf einem Planeten sehr schwer ist, selbst wenn alle elementaren Voraussetzungen dafür vorhanden sind. Jede Entwicklungsstufe muss stets einen Filter überwinden, um die nächsthöhere zu erreichen. Demnach wäre intelligentes Leben wirklich selten, einfache Einzeller möglichweise nicht (diese können sich aber auch nicht zu erkennen geben).

Die Dunkle-Wald-Theorie besagt, dass sich andere hochentwickelte Zivilisationen im All tarnen, um nicht in einen interstellaren Konflikt zu geraten.

Der aussichtsreichste Kandidat für außerirdisches Leben ist der Planet Teegarden B. Er ist ungefähr so groß wie die Erde, befindet sich in der habitablen Zone und in einem Sternensystem, das doppelt so alt ist wie das unsere. Es hatte also genug Zeit für die Entwicklung von Leben.

Falls sich in einem Umkreis von 100 Lichtjahren von der Erde Außerirdische aufhalten, haben sie vielleicht bereits erkannt, dass es entwickeltes Leben auf der Erde gibt. Auf mindestens 75 Sternen sind bereits Radiosignale der Erde eingetroffen.

In den letzten Jahrzehnten sind unzählige Sterne vom Nachthimmel verschwunden. Für fast alle konnten Forschende eine Erklärung finden, doch bleiben ganze 100, deren Verschwinden bis heute nicht erklärbar ist. Man geht davon aus, dass es sich dabei um echte Lichtquellen gehandelt hat. Hinweise auf Leben im All? Sieh dir gern mein Youtube-Video über die drei Sterne von Palomar dazu an.

Die Exopsychologie beschäftigt sich mit der Erforschung der Psyche von Außerirdischen und mit der Erforschung des Bildes, das Menschen von Außerirdischen haben.

Wie sieht die Zukunft der Menschheit aus?

Seit Jahrhunderten machen sich Menschen Gedanken darüber, wie die Zukunft aussehen wird. Manchmal waren sie dabei erstaunlich treffsicher, wie zum Beispiel mit der Vorstellung, dass es eines Tages Videocalls geben wird. Manchmal lagen sie komplett daneben. So dachten die Menschen vor 100 Jahren zum Beispiel, dass in unserer Gegenwart Haare nicht von Menschen, sondern von einer Frisiermaschine geschnitten werden. Die hat jedoch noch keiner erfunden. Auch heute gibt es Forscher, die vorhersagen, wie sich Technologien in den kommenden Jahren entwickeln werden. Das wird laut heutigen wissenschaftlichen Prognosen in der Zukunft passieren: Im Jahr …

2027 landet die Crew der Artemis-III-Mission auf dem Mond.

2029 wird der erste Quantencomputer in Betrieb genommen, der über 1 Million Qubits verfügen wird und nicht wie die aktuellen Modelle nur über einige wenige. Ebenfalls wird in diesem Jahr der 370 Meter große Asteroid Apophis in nur 31 750 Kilometern an der Erde vorbeifliegen.

2031 wird die ISS nach 31 Jahren Betriebszeit kontrolliert auf die Erde stürzen und durch kommerzielle Weltraumplattformen ersetzt.

2034 werden Quantencomputer das Internet unhackbar machen.

2035 gibt es den ersten Billionär.

2040 könnte der erste Mensch auf dem Mars stehen.

2044 wird der Menschheit der endgültige Durchbruch bei der Kernfusion gelungen sein.

2045 werden 10 Prozent unserer pflanzlichen Lebensmittel aus Vertical-Farming-Systemen stammen.

2050 schließt China sein Süd-Nord-Wassertransferprojekt ab und führt damit jährlich 45 Milliarden Kubikmeter Wasser in seinen trockenen Norden.

2051 erreicht die 1999 losgeschickte Radiobotschaft Cosmic Call 1 ihr Ziel, den Stern Gliese 777.

2081 erleben wir die nächste totale Sonnenfinsternis über Deutschland, Österreich und der Schweiz.

2100 erreicht die Menschheit eine Population von 11 Milliarden, Tendenz nun erstmals wieder sinkend.

2120 scheidet sich die Menschheit in mit Neuro-Chips ausgestatteten Transhumanisten und normalen Menschen. Im Vergleich zu den Transhumanisten erscheinen die normalen Menschen wie Höhlenmenschen und bleiben mit ihrer intellektuellen Leistung Jahrtausende zurück.

2140 reicht die Computerleistung aus, um perfekte Simulationen bis auf Quantenebene mit einer Raumgröße von einem Kubikmeter zu erschaffen.

2150 sind wir dank Quantentechnologie in der Lage, Protonen und Neutronen mikroskopisch zu beobachten.

3000 werden die berühmten Säulen der Schöpfung zerstört sein. Die vom Weltraumteleskop Hubble fotografierte Formation aus Gas und Staub wird Opfer einer stellaren Stoßwelle aus ihrer Nachbarschaft.

8000 sind die Wörter, die wir heute kennen, durch die Weiterentwicklung der Sprache ausgestorben.

8113 wird die Zeitkapsel *Crypt of Civilization* geöffnet. Sie wurde um 1938 im Keller der Universität Oglethorpe luftdicht versiegelt und enthält typische Artefakte aus der damaligen Zeit.

15000 wird die Sahara wieder tropisch.

20000 ist Tschernobyl nicht mehr radioaktiv.

100000 werden Sternbilder durch die Eigenbewegung der Sterne unkenntlich.

250.000 wird sich der Kama'ehuakanaloa, der jüngste Vulkan der Hawaii-Kette, über die Meeresoberfläche heben und eine neue Vulkaninsel bilden.

1300000 zieht der Stern Gliese 710 in nur 0,16 Lichtjahren an unserem Sonnensystem vorbei und richtet in der Oortschen Wolke ein gravitatives Chaos an.

2000000 haben sich die Korallenriff-Ökosysteme vollständig vom Menschen erholt.

10 000 000 überflutet das Rote Meer den Ostafrikanischen Graben – die Somalia-Platte löst sich als eigenständiger Kontinent vom afrikanischen Festland.

50 000 000 trifft das afrikanische Festland auf Europa. Das Mittelmeer ist verschwunden und die Alpen erheben sich zu einem Himalaya-hohen Gebirge.

110 000 000 hat die Leuchtkraft der Sonne um 1 Prozent zugenommen.

300 000 000 hat sich ein neuer Superkontinent gebildet.

Wie gerne würde ich dabei sein und schauen, wie es in 300 Millionen Jahren auf unserem blauen Planeten aussieht ... ob es noch Lebewesen gibt? ... ob die Menschheit bis dahin noch existiert?

Danksagung

Ich danke meinen Fans, die mich seit Jahren auf meiner täglichen Reise zu neuen Entdeckungen und spannenden Geheimnissen begleiten, und ich danke meiner Familie – Ines, Jörn und Leo – sowie meiner Freundin Larissa für die ständige Unterstützung. Danke, dass es euch alle gibt.

Weitere Bücher von Wissensbert bei Yes Publishing